O APÓSTOLO PAULO

Copyright 2021 **Logos Publisher**

Categoria: Vida cristã

Primeira edição — SET/2021

ISBN 978-1-7398154-1-7

LOGOS PUBLISHER
CASA PUBLICADORA

Autor
JAMES STALKER

Projeto Gráfico e editorial
IVALDI R. DIAS

Imagem capa
STOCK ADOBE

Coordenação editorial
REV. EDSON JUNIOR

Todos os direitos reservados por
LOGOS PUBLISHER

Direção Geral:
REV. EDSON JUNIOR

Edição e Revisão
NILDA NUNES

"Ao adquirir uma de nossas publicações você está contribuindo para implantação e manutenção de escolas bíblicas no continente africano"

JAMES STALKER

O professor reverendo, morreu em 5 de fevereiro de 1927.

Autor, historiador, professor e ministro da Igreja Livre da Escócia (Free Church of Scotland) , James Stalker nasceu em Crie em 21 de fevereiro de 1848. Estudou na Universidade de Edimburgo (Edinburg University), no New College de Edinburgo , realizou estudos na Universidade de Halle de Wittenberg (Martin Luther University of Halle-Wittenberg) bem como na Universidade de Berlim.

Tornou-se ministro da Igreja de St. Brycedale, Kirkcaldy, em 1874, e na St. Matthew's, Glasgow, em 1887. Stalker lecionou em Yale, em 1891, em Louisville, Kentucky, em 1904, e em Richmond, Virginia, em 1914. Ele foi professor de história da igreja no United Free Church College, Aberdeen, 1902.

PR. FERNANDO ABADE

Pastor na Silbern Latinos – Zürich

Este livro escrito pelo Dr. James Stalker é riquíssimo em diferentes aspectos.

Desde o primeiro capítulo, o propósito extraordinário de Deus para a vida de Paulo é exposto. A precisão em relação aos eventos, abrangendo datas e locais, mencionados nos textos bíblicos e em todos os capítulos desta obra servirá de excelente ferramenta para teses, exegeses ou trabalhos de ordenação.

A contextualização de todo o livro, de questões biográficas da vida do apóstolo à linguagem usada em cada capítulo, demonstra uma exigente e precisa investigação dos fatos — pré e pós-conversão —, da missão e do propósito do ministério paulino. As narrativas ou passagens estão contextualizada de forma precisa e bem detalhada, o que é raro em nossos dias.

A meu ver, esta obra enquadra-se no selo acadêmico devido à sua riqueza de linguagem, em contorno poético e que, apesar da erudição textual, é acessível e de fácil compreensão.

Desejo a todos uma excelente leitura.

LUIZ SAYÃO

Pastor na Igreja Batista Nações Unidas (IBNU) – SP
Teólogo, linguista e hebraista brasileiro
Diretor acadêmico da Faculdade Teológica Batista - SP

O apóstolo Paulo foi a maior referência teológica e missionária da Igreja Cristã em todos os tempos. Todavia, o desafio de compreender sua vida, ensino e ministério é maior do que se imagina. Paulo, raiz teológica fundamental para Calvino e Lutero, tem sido interpretado com um viés judaico, greco-romano, escatológico, liberal etc.

Afinal, como compreendê-lo de fato? Qual é a importância da teologia paulina?

A obra *O apóstolo Paulo*, do reverendo escocês James Stalker, é um dos clássicos da análise da vida e teologia paulinas que marcou a história como um livro de grande sucesso no mundo de fala inglesa. Sua objetividade e perfil conciso e, ao mesmo tempo, abrangente fizeram deste livro um dos mais importantes esforços literários a respeito do apóstolo. O conteúdo de pesquisa e reflexão presente aqui tem muito a nos ensinar, principalmente no contexto do ministério pastoral, ainda que o livro já seja um "senhor" avançado em idade.

PR. SERGIO REINALDO

Consultor teológico da Logos Publisher.
Doutor em Ministério pelo Landmark Baptist Theological Seminary.
Líder da Abba Church em Perth, Western Australia.

Ministro ordenado, pregador escocês destemido, apaixonado por movimentos missionários e conhecido pela lucidez de suas exposições bíblicas – além de professor catedrático em história da igreja, ética cristã e religião –, o doutor James Stalker presenteou os seus leitores e alunos com esta obra maravilhosa, que apresenta uma visão nova de Paulo, que para mim vai muito além da minha concepção a respeito do homem que eu imaginei que ele fosse.

O reverendo Stalker escreve em uma bela prosa, meticulosamente pesquisada, proporcionando ao leitor experienciar a sensação de estar no mundo em que Paulo exerceu sua missão, trazendo uma imagem expressiva dos contextos em que ele viveu e trabalhou no primeiro século da Era Cristã. Protagonista de uma história que perde apenas para a de Jesus, o apóstolo é apresentado nesta obra como alguém cuja vida e ministério possibilitaram à igreja, ao longo dos anos, uma melhor compreensão do propósito cristão e da mensagem completa do Novo Testamento.

LOURENÇO STELIO REGA
Teólogo, eticista e escritor

Estudar a respeito do apóstolo Paulo sempre é algo construtivo, pois aprendemos muitas lições não apenas para o ministério, mas também para a vida. É com isso que James Stalker nos brinda com seu livro *A Vida de Paulo*, em que temos inúmeros destaques da vida, ministério e ensino do apóstolo dos gentios. Lendo esta obra de Stalker teremos novas percepções do livro de Atos e dos ensinos de Paulo.

"É o melhor resumo sobre a vida de Paulo que conheci..."

(Charles Spurgeon, o príncipe dos pregadores)

APRESENTAÇÃO

Este é o primeiro livro publicado pela Logos Publisher, e, por isso, ele nos traz singular satisfação.

A publicação desta obra é reflexo da produção de uma série de estudos a respeito do apóstolo Paulo e seus escritos, iniciados no ano de 2016, em nossa igreja local – a Logos International Church – sediada em Brighton, no Reino Unido. Os estudos bíblicos, que eram usados apenas no ministério de ensino da igreja local, passaram, a partir do início deste ano – 2021 –, a serem disponibilizados e compartilhados com outras igrejas espalhadas pela Europa, Asia e África.

Com a decisão de distribuirmos nossos conteúdos para outras igrejas e ministérios, entendemos ser necessário o estabelecimento da Logos Publisher, nossa casa editorial, objetivando delinearmos um padrão organizacional mais adequado a esta nova dimensão de trabalho. A partir disso, decidimos lançar, paralelamente aos conteúdos das revistas de estudos, um livro-texto que permitisse ao estudante um maior aprofundamento nas temáticas abordadas.

Iniciamos, então, as buscas para encontrarmos uma literatura que atendesse a este propósito, e nestas buscas fomos surpreendidos pela obra do pastor e professor escocês James Stalker (1848-1927). O primeiro contato com a obra, que você agora tem em mãos, em língua portuguesa devidamente atualizada, foi através do original em inglês, publicado em 1884. Encontrar os escritos do reverendo Stalker foi uma grata satisfação, dada a sua linguagem, sensibilidade e familiaridade com o assunto abordado.

Após apreciação do conteúdo em inglês, encontramos o conteúdo em português, em uma edição publicada nos anos 1921, pela Imprensa Metodista, e, com este material em mãos, empreendemos um esforço editorial, de modo, a, cem anos depois, promovermos um reencontro desta obra, agora em linguagem atualizada, com os falantes da língua portuguesa espalhados pelo mundo.

Cremos que, ao seguir nesta leitura, você será impactado e edificado enquanto percorre as vias do tempo na história de uma das personagens mais fascinantes do Novo Testamento.

Desfrutem deste conteúdo.
Boa leitura.

Logos Publisher Editorial

LOGOS PUBLISHER
CASA PUBLICADORA

PREFÁCIO

É impossível folhear as páginas do Novo Testamento sem que se depare com a figura de Paulo. Depois de passar pelo livro de Atos, os próximos treze escritos são cartas de autoria paulina, como defende a grande maioria dos estudiosos. Paulo é um paradoxo por definição. Alguém que lesse o relato de Lucas em Atos, em que o apóstolo, até então chamado Saulo, é mencionado consentindo no martírio de Estevão, bem como, posteriormente, mantendo uma postura hostil em relação aos cristãos, muito provavelmente não conceberia a possibilidade de ele se tornar o ícone da defesa e propagação do evangelho que se tornou.

Neste livro, Paulo, sua vida e ministério estão em destaque, contudo, a causa de todos os resultados alcançados em suas inúmeras viagens e empreitadas missionárias não se estabeleceram devido a suas qualidades e habilidades somente, mas, sobretudo, pela ação contínua do Espírito Santo em sua vida.

Nas páginas deste livro, o reverendo James Stalker expõe de forma erudita, porém acessível, os vários ângulos deste ilustre personagem, perpassando por sua história pessoal; mencionando como o jovem Saulo foi preparado desde cedo para o labor ministerial, ainda que não estivesse consciente desse processo; destacando o esfacelar dos paradigmas do religioso Saulo de Tarso, provocados pelo surpreendente encontro com Cristo no caminho para Damasco. Stalker prossegue, tal como hábil ilustrador, fazendo uso, ora das Escrituras ora de conhecimentos extrabíblicos, desenhando o retrato mais fidedigno possível do apóstolo dos gentios. Não esconde as rugas e cicatrizes de seu personagem; ao contrário, destaca a importância de serem expostas, já que as considera como credenciais que o legitimam. Mesmo os lados com alguma deformidade são cuidadosamente desenhados, a fim de evidenciar, parafraseando o nosso personagem, que a excelência do poder não estava no vaso, mas naquilo que ele carregava dentro de si.

É interessante verificar que o autor traça um paralelo entre o Paulo apresentado na perspectiva de Lucas, no livro de Atos, e o Paulo que se autoapresenta em suas cartas às igrejas que ia plantando nos muitos lugares que percorreu, ao longo de suas viagens missionárias.

Muitos livros biográficos sobre Paulo já foram escritos, mas estou seguro de que esta literatura contribuirá de forma ímpar para expandir a visão de quem empreender sua leitura, embrenhando-se por suas páginas a fim de perscrutar a vida e a obra do apóstolo de Tarso.

Mais do que o conhecimento ou reforço de informações, minha oração é para que, ao ler este livro, você seja inspirado a percorrer de forma mais diligente sua jornada de fe e, ao final, poder expressar vitoriosamente: "combati o bom combate, terminei a corrida, guardei a fé. Agora me está reservada a coroa da justiça, que o Senhor, justo juiz, me dará naquele dia [...]" (2Timóteo 4.7,8a).

Rev. Edson Jr - Julho de 2021

CAPÍTULO 01
O LUGAR DE PAULO NA HISTÓRIA

LOGOS PUBLISHER
CASA PUBLICADORA

Quando estudamos a vida de determinadas pessoas, a impressão que temos é que eles foram trazidos ao mundo com uma missão especial, para serem resposta às circunstâncias de seu tempo.

Olhando para a história da Reforma Protestante, para citar apenas um exemplo, é realmente maravilhosa a especial providência que trouxe à vida, simultaneamente, em diversas partes da Europa, homens de tão elevada estatura moral, intelectual e espiritual como Lutero, Calvino e Knox, a fim de quebrar o jugo imposto pela tirania papal e proclamar o puro evangelho da graça. O avivamento, que havia sido uma grande bênção para a Inglaterra e estava prestes a chegar à Escócia, encontra em Thomas Chalmers[1] um coração aberto, capaz de absorver completamente esse novo movimento e, com simpatia e influência, espalhá-lo a todos os cantos do país. O apóstolo Paulo, mais que qualquer outro, tornou evidente este princípio.

O cristianismo dava seus primeiros passos e havia definido apenas seus elementos rudimentares. Apesar disso, não era fraco ou frágil. Se Deus utiliza meios que, aos olhos humanos, são reconhecidamente adaptáveis aos fins propostos, seremos forçados a convir que, quando Paulo surge no cenário do movimento cristão, havia extrema necessidade de um homem com seu perfil, de dons extraordinários, que encarnasse a essência do Evangelho e o incorporasse na história geral do mundo. Em termos de necessidade, esta era

---

[1] Grande teólogo protestante da Escócia, líder religioso, pregador eloquente com forte poder de persuasão, e reformador social. Nasceu em Anstruther em 17 de março de 1780.

a conjuntura que exigia tal homem, que ficaria conhecido como o apóstolo Paulo.

A religião de Jesus encontrou em Paulo um modelo incomparável de caráter cristão, E em Jesus, o fundador do cristianismo, ela manifestou o modelo perfeito do caráter humano, ainda que não fosse como os demais, a começar por sua origem, na qual não se encontrou pecado ou imperfeições a serem combatidas. Apesar disso, era necessário que o cristianismo revelasse, de modo inequívoco, suas possibilidades em relação à imperfeição humana, e é essa demonstração que Paulo oferece. Com sua extraordinária capacidade e determinação, o jovem Saulo teria sido notável, ainda que não houvesse se unido aos cristãos na causa do evangelho; ele teria sido lembrado, mesmo à parte do cristianismo, mas aprouve a Deus revelar, no perseguidor dos cristãos, a si mesmo e seu poder, e Paulo sabia disso, mesmo que com humildade declarasse:

> "Mas, por esta mesma razão, me foi concedida misericórdia, para que, em mim, o principal, evidenciasse Jesus Cristo a sua completa longanimidade, e servisse eu de modelo a quantos hão de crer nele para a vida eterna." (1Tm 1.16).

Na conversão de Paulo (Saulo, na época), o cristianismo revelou um poder que supera os mais enraizados preconceitos e grava de forma indelével sua imagem sobre uma natureza vigorosa, por intermédio de um processo instantâneo e, ao mesmo tempo, de efeitos permanentes. De personalidade forte e original, Saulo não se deixaria aniquilar; contudo, desde seu encontro com Cristo, na estrada de Damasco, viu-se de tal forma subjugado pela influência do divino, que nunca mais nutriu outro desejo que não o de ser simples eco e reflexo de Cristo neste mundo.

Ainda que nenhum mortal seja indispensável, podemos dizer que a existência de Paulo não era algo de que a História pudesse prescindir, pois trazia em seu interior o vigor e a chama de uma existência divina e imortal, que desabrocharia no decorrer do tempo, com consequências inimagináveis à época.

Os discípulos de Jesus teriam vivido e morrido na mais

plena obscuridade, reduzidos aos limites da Galiléa, não fosse o evangelho de Cristo tê-los alcançado; Paulo, contudo, era dotado de capacidade intelectual, zelo e força fora dos padrões de sua época e teria sido notável, ainda que o cristianismo nunca tivesse existido e, mesmo que ele não houvesse se rendido a Cristo e à causa cristã; teria sido memorável de uma ou outra forma. Mas esse homem, da cidade de Tarso, foi escolhido por Cristo para revelar ao mundo o poder do evangelho.

Se o cristianismo ostentou seu poder, conquistando Paulo tão completa e radicalmente, mais ainda demonstrou ao revelar o tipo de pessoa que o apóstolo se tornou sob sua influência. Em Cristo, Paulo teve suas mais exigentes necessidades satisfeitas, e isso de tal modo que jamais sequer esboçou uma mínima insatisfação ou desilusão. Por mais profundas que fossem as carências de sua natureza decaída, o Espírito de Cristo identificou e supriu cada uma delas com indiscutível excelência. Em seu espírito, Paulo tinha muito claro que devia tudo o que era à influência de Cristo em sua vida, e sua transformação era perceptível aos olhos de todos. A partir do que experimentara em Cristo, seu lema seria: "... já não sou eu quem vive, mas Cristo vive em mim..." (Gálatas 2.20). A ele, de fato, Cristo se unira de tal maneira que o caráter de seu amado senhor se tornara perfeitamente inteligível pela vida do apóstolo.

É possível que, na experiência dos novos na fé, a própria vida de Cristo não seja tão facilmente compreensível como era na do apóstolo. O fato de Cristo reunir em si, na mais perfeita harmonia, toda perfeição pode dificultar a compreensão dos neófitos, da mesma forma que uma obra de arte é de difícil entendimento para o observador comum, sem disciplina artística e olhos treinados. Em Paulo, porém, são exibidos alguns dos maiores elementos do caráter cristão, e isso em traços tão vigorosos, tão patentes, de modo a não deixar no espírito de quem quer que seja a mínima dúvida, semelhantemente ao que acontece ao especialista em arte, quando se depara com uma pintura.

Em Paulo, o cristianismo teve seu grande pensador. Ele correspondia de modo todo especial às necessidades do momento. Cristo havia cumprido sua missão neste mundo e partira para o

Pai, e os seus representantes eram, em sua maioria, homens simples, pescadores com pouca instrução acadêmica. Em certo sentido, este fato constitui um dos aspectos mais singularmente gloriosos do cristianismo, pois é a prova de que a grande influência que exerceu, e continua exercendo, no mundo não é resultado dos extraordinários talentos dos seus representantes humanos. O que estabeleceu o cristianismo no mundo não foi força nem violência, mas o Espírito de Deus. Apesar disso, olhando detidamente para o passado, podemos ver claramente quão essencial era que se levantasse um apóstolo diferenciado, com perfil e formação específicos.

Cristo manifestou a glória de Deus-Pai e consumou, de uma vez para sempre, a obra expiatória. Era necessário que o objetivo dessa obra fosse interpretado ao mundo: Quem era aquele que havia estado entre os homens? Qual a natureza de sua missão? Essas e outras questões essenciais para a fé cristã teria nos outros apóstolos apenas respostas breves e pouco elaboradas. Embora o Espírito Santo pudesse capacitar quem quisesse, encontrou em Paulo alguém que detinha capacidade intelectual e disciplina mental, as matérias-primas necessárias a alguém para sistematizar uma doutrina cristã de forma sistemática, formulando respostas de modo a satisfazer às exigências intelectuais do mundo. Felizmente essas qualidades não são necessárias à salvação.

Há milhares de pessoas que conhecem e creem que Jesus é o Filho de Deus e morreu para resolver o problema do pecado; elas confiam nele como seu Senhor e Salvador, mas têm dificuldades para explicar essas verdades e dissertar a respeito delas, provando nas Escrituras. Ao tentar fazê-lo, muitos incorrem em erros teológicos e hermenêuticos. Entretanto, se era urgente ao cristianismo empreender uma conquista moral e intelectual do mundo, era necessário que se explicasse à Igreja a plenitude da glória do seu Senhor e o significado da sua obra redentora.

Jesus sabia quem era e que obra viera realizar, porém, é curioso que ele não tenha podido declarar a seus discípulos o que tinha em mente a respeito de si e do ministério que recebera do Pai, tendo de levar essas coisas consigo quando ressuscitou. Até mesmo o que lhes disse enquanto esteve presencialmente com eles não foi compreendido de forma plena, mas Jesus sabia que o Espírito Santo guiaria a Igreja no reconhecimento dessas verdades e seus desdobramentos. Claro que havia, no círculo apostólico dos doze um espírito que ansiava por compreender completamente as falas profundas de Jesus. As palavras do Mestre caíram fundo no coração e na mente de João e, depois de ficarem arquivadas ali por aproximadamente meio século, traduziram-se de forma admirável nas epístolas e nos Evangelhos. Ainda assim, não seria suficiente nem preencheria a lacuna existente na Igreja. Mesmo em nossos dias, o profundo entendimento de alguns dos pensamentos paulinos permanecem como propriedade apenas de umas poucas mentes privilegiadas. Fazia-se necessário um pensador sistemático, de raciocínio rebuscado e resistência, para traçar, com firmeza, os primeiros esboços da doutrina cristã. E esse homem foi Paulo.

Pensador nato, de espírito provido de majestosa amplitude e força, e trabalhador incansável, era-lhe impossível abandonar um assunto, sem examiná-lo à exaustão, profundamente e em todas as direções. Não lhe bastava saber que Cristo era o Filho de Deus. A tarefa que lhe fora imposta era desdobrar a exposição desse tema em tópicos e compreender seu significado de forma precisa. Não lhe era suficiente crer que Cristo morreu pelo pecado da humanidade, mas ir além, investigando a razão de essa morte ter sido necessária e essencial, além de entender de que maneira ela destrói o pecado.

O talento especulativo não era apenas um dom natural em Paulo, mas também fruto da educação que recebera. Os Doze tinham pouca instrução, mas ele possuía todas as vantagens da formação de sua época. Na escola rabínica, aprendeu a coordenar, expor e defender suas ideias, e isso está comprovado em suas cartas, que contém a melhor explicação que o mundo possui a respeito do cristianismo. A atitude adequada para com as cartas paulinas é considerá-las como a continuação do ensino do próprio Cristo, pois elas contêm os pensamentos que Jesus levou consigo, por ocasião de sua ascenção ao céu. Obviamente, se o próprio Jesus os houvesse compartilhado, o teria feito de modo singular e incomparavelmente melhor. Apesar de os pensamentos de Paulo ostentarem, em toda a parte, o colorido de suas próprias peculiaridades mentais, eles são, contudo, e em essência, a expressão dos pensamentos de Cristo, como se Jesus os tivesse ensinado pessoalmente.

Em especial, o grande tema que Cristo teria de deixar bastante claro seria aquele referente à sua morte, e ele não poderia explicá-la antes que ela fosse consumada. O tópico preponderante no pensamento paulino era demonstrar a necessidade crucial da morte de Cristo e os seus benditos resultados. Mas, na verdade, nenhum aspecto da vida de Cristo escapou à investigação de seu espírito inquiridor e incansável. As suas treze cartas, organizadas cronologicamente, mostram que o apóstolo se aprofundava cada vez mais no assunto. Em parte, tal progresso, porém, era devido ao conhecimento pessoal de Cristo, porque ele sempre escrevia a partir de sua experiência pessoal, mas também tinha a ver com as várias formas incorretas assumidas por ele anteriormente, em outras épocas, e que se tornou um meio providencial para estimular e desenvolver sua apreensão da verdade — assim como na igreja cristã, desde sempre, o surgimento de erros tem sido o meio de evocar as mais profundas exposições doutrinárias. Todavia, o impulso dominante do seu pensamento, assim como da sua vida inteira, foi sempre Cristo, e a devoção constante do apóstolo a este tema inesgotável foi o que fez dele o pensador do cristianismo.

Foi o cristianismo que transformou Paulo no missionário aos gentios. A maioria significativa das muitas e mais renomadas faculdades, devido a seu extenso conteúdo programático, acabam deixando a desejar no quesito que contempla aliar teoria e exaustivas atividades práticas. Paulo foi uma exceção a essa regra, pois ele, não somente, foi o maior pensador da Igreja, mas também o mais efetivo trabalhador que ela jamais possuiu. Levamos em alta conta a significativa tarefa intelectual que o aguardava ao unir-se à causa cristã, mas não menos estupenda seria a tarefa, de ordem prática, que o esperava na evangelização do mundo gentílico.

Um dos objetivos, confirmados por Cristo, de sua vinda ao mundo foi, sem dúvida, quebrar a muralha de separação entre judeus e gentios, e fazer que as bênçãos da salvação se tornassem um patrimônio comum de todos os homens, sem distinçao de raças ou línguas; porém, essa missão ainda seria concluída. Por uma dessas estranhas limitações da sua vida terrena, Jesus foi enviado às ovelhas perdidas da "casa de Israel". Ele teria plena satisfação em concluir a tarefa de levar o evangelho para além dos limites da Palestina, espalhando-o de nação em nação! E teria preferido realizá-la, como uma de suas tarefas preferidas, não tivesse de enfrentar a cruz. Assim, a continuidade dessa missão foi deixada para seus seguidores, que a deveriam completar.

Obviamente não estamos dizendo que Cristo tenha deixado sua obra pela metade. A parte que lhe cabia no grande e maravilho plano divino, na missão de aproximar a humanidade de Deus--Pai e inaugurar uma nova era de relacionamento pessoal com Deus, com todas as implicações disso, havia sido perfeitamente cumprida. A esse respeito, o próprio Jesus diz ao Pai:

> *"Eu te glorifiquei na terra, consumando a obra que me con-fiaste..." (João 17.4).*

Quando pregado na cruz, o Senhor ainda declarou: "Tetelestai", ou seja, "Está consumado!" (João 19.30), e essa declaração ainda soa em nossos ouvidos, perpassando eras.

Antes de surgir no cenário de sua época, Paulo já havia iniciado a execucão desta magnífica tarefa. Os preconceitos judaicos já estavam parcialmente em derrocada, o caráter universal do cristianismo já constituia uma verdade de certa forma estabelecida e Pedro, por intermédio do batismo, já havia admitido os primeiros gentios na igreja; todavia, nenhum dos primeiros apóstolos encontrou-se à altura da situação. Faltava-lhes a visão ampla para compreender perfeitamente a ideia da igualdade entre judeus e gentios, e levá-la, sem subterfúgios, às últimas consequências práticas. Da mesma forma, eles careciam da exata combinação de dotes necessários para a empreitada de conduzir, em larga escala, o mundo pagão a Cristo.

Os pescadores da Galileia eram suficientemente aptos a ensinar e pregar nos limites do seu país, mas além da Palestina extendia-se o grande mundo da Grécia e de Roma, mundo de vastas populações, de poderio e saber, de prazeres e fremente atividade. A missão de alcançar territórios fora dos limites da Galileia carecia de um homem de versatilidade ilimitada, culto e de percepção aguda para levar-lhes a mensagem do evangelho; um homem que não fosse apenas um judeu para os judeus, um romano para os romanos, um bárbaro para os bárbaros; um homem que não só pudesse enfrentar os rabinos nas sinagogas, mas também os orgulhosos magistrados nos tribunais intelectuais; um homem para encarar jornadas por terra e por mar, de presença de espírito em toda a variedade de situações, corajoso e capaz de encarar de frente qualquer dificuldade. Tal homem não se achava entre os primeiros discípulos de Jesus, embora o cristianismo necessitasse deles, e Paulo foi esta pessoa.

Tradicionalmente preso, com rigor, às peculiaridades e prejuízos do exclusivismo judaico e em escala muito maior que qualquer outro dos apóstolos, abriu caminho através das cortinas de preconceitos, aceitou a igualdade de todos os homens em Cristo e aplicou inflexivelmente este princípio a todas as questões. Devotou-se, de coração, à obra missionária entre os gentios, e a história da sua vida é apenas a narrativa do quanto se mostrou fiel à sua vocação. Incomparável em singeleza de propósito, na inteireza de coração e na infatigável energia sobre-humana, ninguém se igualou a ele em colecionar dificuldades bravamente enfrentadas e vencidas, e sofrimentos que alegremente padeceu em defesa de sua missão.

Em Paulo, o próprio Jesus Cristo saiu para evangelizar o mundo, usando as mãos, os pés, a língua, o cérebro e o coração do seu servo na obra que os limites da sua missão não lhe permitiram executar pessoalmente.

CAPÍTULO 02
PREPARAÇÃO INCONSCIENTE PARA A OBRA

LOGOS PUBLISHER
CASA PUBLICADORA

Data e lugar do nascimento — A família — A educação — Cidadão romano — Fabricante de tendas — Conhecimento da literatura grega — Educação rabínica — Gamaliel — Versado no Antigo Testamento — Desenvolvimento moral e religioso — A Lei — Jerusalém: Partida e retorno — Estado da igreja cristã — Estêvão — O perseguidor.

P essoas convertidas em idade adulta costumam revisar, com pesar e vergonha, os anos anteriores à sua conversão, desejando que pudessem ser riscados e varridos da história e da memória. O apóstolo Paulo também se sentia assim. Até o final dos seus dias foi perseguido pela lembrança dos anos desperdiçados, e costumava nomear-se como o último dos apóstolos, considerando-se indigno de ser chamado apóstolo, porque havia perseguido a Igreja de Deus.

No entanto, tais sentimentos sombrios são, em parte, justificáveis. Os propósitos de Deus são muito profundos, e mesmo naqueles que ainda não o conhecem podem estar sendo semeadas sementes que só mais tarde amadurecerão e darão frutos, mesmo após anos de vida dedicados à impiedade. Paulo nunca teria sido o homem que veio a ser nem teria feito a obra que fez, se no decorrer dos anos que precederam seu encontro transformador com Cristo não houvesse passado por um curso destinado a habilitá-lo para a sua missão futura. Ele mesmo ignorava o fim para que estava sendo preparado; os ideais que nutria sobre o seu próprio futuro eram diversos dos de Deus. Mas há um Deus que modela e prepara o destino daqueles a quem chama, e isso estava acontecendo com respeito a Paulo; sem que ele o sabesse, estava sendo preparado para tornar-se uma seta polida na aljava divina.

Não se sabe ao certo a data do nascimento de Paulo, mas é possível um cálculo aproximado para fins práticos.

No ano 33 da nossa era (AD), quando os que apedrejavam Estêvão depositaram as vestes do rapaz aos pés de Paulo, ele era "um moço". Verdade é que este termo, em grego é muito abrangente e pode designar qualquer idade dos vinte anos até mais de trinta. Mas, neste caso, é provavel que tocasse ao último limite e não ao primeiro, porque não há razão alguma para se supor que, nesta ocasião ou logo depois, ele fosse membro do Sinédrio — ofício que ninguém podia exercer antes dos trinta anos e a comissão que ele recebeu do Sinédrio não podia ser confiada a um homem de muita pouca idade.

Cerca de trinta anos após a triste conivência com o assassinio de Estêvão, Paulo encontrava-se preso em Roma, lá pelo ano 62 AD, aguardando sentença de morte pela mesma causa que levou Estêvão a sofrer e ser martirizado. Escrevendo uma das suas últimas cartas, a de Filemon, apelida-se de "velho". Apesar da elasticidade do termo e o fato de um homem que passou por muitos sofrimentos aparentar envelhecimento precoce, ainda é muito pouco provável que ele se designasse como "Paulo, o ancião", antes de haver completado sessenta anos. Estes cálculos nos levam a concluir que a época do nascimento de Paulo coincidiu, mais ou menos, com a de Jesus.

Quando o menino Jesus brincava nas ruas de Nazaré, o menino Paulo brincava também na sua cidade natal, além, do outro lado das cordilheiras do Líbano. Julgando-se pelas aparências, seriam duas carreiras totalmente diversas. Entretanto, pelos misteriosos desígnios divinos, essas duas vidas, quais torrentes emanando de vertentes opostas, haviam de, um dia, confundirem-se como um rio e o seu afluente.

Tarso, capital da província da Cilícia, a sudeste da Ásia Menor, foi o seu berço. Localizava-se há poucas milhas da costa, em meio a uma fértil planície, edificada sobre as ribanceiras do Rio Cnido, que descia das vizinhas montanhas do Tauro, em cujos cumes nevados os habitantes da cidade costumavam colocar-se para contemplar, nas tardes de verão, dos eirados das casas, os esplendores do sol poente. Não muito acima da cidade precipitava-se o rio sobre rochas em majestosa catarata, porém logo abaixo tornava-se navegável, e, dentro da cidade, as suas margens eram amparadas pelo cais em que se empilhavam mercadorias provenientes de muitos países, ao passo que marinheiros e mercadores, com trajes e línguas diferentes, eram vistos constantemente em suas ruas. Região de amplo comércio de madeiras, abundantes na província, e de rebanhos de cabritos que, aos milhares, eram criados nas montanhas vizinhas e forneciam a matéria-prima para uma espécie de estofo grosseiro, manufaturado em vários artigos, como, por exemplo, as tendas que, mais tarde Paulo se ocuparia em fabricar e era artigo de fácil comercialização ao longo de toda a costa do Mediterrâneo. Tarso era também o centro de uma grande via mercantil. A famosa passagem chamada Portas da Cilícia, além da cidade, dava entrada, através das montanhas, para os países centrais da Ásia Menor. Era também o depósito para onde eram trazidos esses produtos, a fim de serem distribuídos ao Oriente e ao Ocidente. Os habitantes da cidade eram numerosos e ricos; a maioria deles, nativos da Cilícia, mas os mercadores mais ricos eram gregos.

A província estava sob domínio romano, de cuja soberania não podiam livrar-se, embora Tarso usufruísse os privilégios de deter governo próprio. O número e a variedade de habitantes cresciam, pois a cidade não era somente um centro mercantil, mas também uma sede educacional. Era uma das três cidades universitárias da época, sendo as outras duas Atenas e Alexandria; dizia-se que sobrepujava suas rivais em supremacia intelectual. Pelas ruas, viam-se estudantes de muitos países, espetáculo que não podia deixar de produzir, no espírito da juventude, reflexões sobre o valor e objetivos da educação.

Quem não vê a coerência de tal lugar para ser o berço do apóstolo dos gentios? À medida que ele ia crescendo, também preparava, inconscientemente, para encontrar homens de todas as classes e raças, simpatizando-se com a natureza humana em todas as suas modalidades, olhando com tolerância para hábitos e costumes diferentes dos seus. Mais tarde, como vemos, ele sempre se afeiçoava às cidades. Ao passo que seu Mestre evitava Jerusalém e satisfazia-se em ensinar na encosta das montanhas ou à margem do lago, Paulo movia-se constantemente de uma grande cidade para outra. Antioquia, Éfeso, Atenas, Corinto, Roma, as capitais do Mundo Antigo foram os cenários da sua atividade. As palavras de Jesus exalam o perfume das pastagens e retratavam em pinturas a suavidade da beleza campestre ou das atividades comuns — os lírios, o campo, as ovelhas seguindo seu pastor, o semeador com seu arado, os pescadores puxando as redes. A linguagem paulina, porém, era impregnada da atmosfera urbana, agitada pelo reboliço e tumulto das ruas. As imagens retratadas eram retiradas de cenas do movimento e emprego de energia e dos monumentos da vida civilizada: o soldado com sua armadura completa, o atleta na arena, a construção de casas e templos, a procissão triunfal do general vitorioso. Assim perduram, na vida do homem as associações da infância.

Paulo tinha orgulho de seu lugar de nascimento, como demonstrou em certa ocasião, quando se declarou cidadão de uma não pequena cidade. Tinha uma alma naturalmente susceptível aos mais ferventes sentimentos patrióticos, mas o que lhe exaltava o entusiasmo não era a Cilícia nem Tarso, mas um estrangeiro bendizer sua terra natal.

O pai do apóstolo era um dentre os inúmeros judeus que, naquele século, haviam se espalhado pelas cidades do mundo gentílico, ocupados em lidas comerciais. Tinham deixado a Terra Santa, mas dela não se esqueciam. Nunca eram confundidos com a população das cidades em que habitavam; na alimentação, no traje ou na religião, conservavam-se como um povo peculiar. Na verdade, geralmente eram menos rígidos em suas opiniões religiosas e mais tolerantes com os costumes estrangeiros do que os judeus que permaneciam na Palestina. Contudo, o pai de Paulo não era desses que davam lugar à frouxidão; fazia parte da seita mais radical da sua religião. Provavelmente não tenha deixado a Palestina muito antes do nascimento do filho, já que Paulo considerava-se hebreu de hebreus, (título que parecia pertencer somente aos judeus da Palestina e aos que continuaram a manter com essa região relações muito estreitas.

De sua mãe, nada consta, mas tudo nos leva a crer que o lar em que o apóstolo foi criado era como aqueles de onde tem saído quase todos os eminentes mestres em religião: um lar de piedade, caráter, princípios rigorosos e forte apego às peculiaridades de um povo religioso. Esse foi o espírito de que Paulo foi saturado.

Embora não pudesse deixar de receber inúmeras e indeléveis impressões da terra do seu nacimento, a terra e a cidade de seu coração eram a Palestina e Jerusalém, e os heróis da sua imaginação juvenil não seriam Horácio, Hércules nem Aquiles, mas Abraão, José, Moisés, Davi e Esdras. Ao olhar para trás, não era sobre os anais confusos da Cilícia que caía seu olhar, mas sobre o cristalino curso da história hebreia até as suas origens em Ur dos Caldeus, e ao pensar sobre o futuro, a visão que o fascinava era a do reino do Messias, entronizado em Jerusalém e regendo as nações com cetro de ferro.

O sentimento de pertencer a uma aristocracia espiritual e que elevava o nível comum do meio em que vivia seria ainda mais realçado pelo que seus olhos viam da religião do povo que o rodeava. Tarso era o centro de uma espécie de culto a Baal, de caráter imponente, mas em extremo degradante. Ali, em certas épocas do ano, eram realizadas festividades frequentadas por toda a população vizinha e acompanhadas de orgias tais, tão extraordinariamente execráveis, que nossa imaginação, felizmente, não pode conceber. Naturalmente, um menino não podia ver a profundidade desse mistério de iniquidade, mas o que podia ver era suficiente para fazê-lo desviar-se da idolatria, com o sentimento de execração peculiar ao seu povo, e para induzi-lo a considerar a pequena sinagoga, onde sua família prestava culto ao Santo de Israel, muito mais gloriosa do que os soberbos templos pagãos. Em certa medida, talvez devamos atribuir a essas primeiras experiências aquelas convicções sobre os abismos em que pode cair a natureza humana e quanto carecem de uma força redentora onipotente, convicções que, mais tarde, formaram parte fundamental da teologia paulina, pelo tão forte incentivo que deram aos seus trabalhos.

Chegou, afinal, o tempo de tomada de decisão. Este era um momento crítico na vida de todo o homem, e especialmente crucial neste caso. A que profissão o jovem Saulo deveria dedicar-se? A carreira mais natural para ele seria o comércio, porque seu pai era comerciante; a cidade mercantil oferecia magníficas oportunidades à ambição comercial, e as próprias energias do rapaz seriam suficientes para garantir o bom êxito da empreitada. Além disso, seu pai proporcionava-lhe vantagem especialmente útil a um mercador:

embora fosse judeu, era também era cidadão romano, título que
conferia ao filho proteção em qualquer parte do mundo romano,
para onde tivesse a oportunidade de viajar. Não se sabe exatamente
como adquiriu esse privilégio. O que se sabe é que podia ser com-
prado, ou adquirido devido a notáveis serviços prestados ao Estado,
dentre outros meios. Fato é que o filho era um cidadão romano por
nascimento, privilégio valioso, que se revelou de grande utilidade
para Paulo, ainda que inesperado pelo pai.

Ficou decidido que a atividade comercial não seria a carreira daquele jovem. Influenciaram nesta decisão as fortes ideias religiosas paternas, ou a piedosa ambição materna, ou as suas próprias
predilecões; mas ficou combinado que ele iria para a sinagoga local
em Tarso e, depois, para Jerusalém, a fim de dar continuidade a seus
estudos, objetivando tornar-se rabino — que era ministro, professor
e advogado ao mesmo tempo. Foi uma sábia decisão, tendo em vista
o espírito do rapaz e suas capacidades, e de infinita consequência
para o futuro da humanidade.

Ainda que tendo se desviado das oportunidades que leva-
riam Paulo a abraçar uma carreira secular e antes de sair para se pre-
parar para a sagrada profissão, cumpria-lhe receber alguma noção
da vida prática comum; era regra entre os judeus que cada rapaz,
qualquer que fosse a sua futura ocupação, devia aprender um ofício,
como recurso em tempos de necessidade. Sábio costume, que dava
ocupação ao jovem, em uma idade em que o excessivo lazer podia
ser perigoso e, ao mesmo tempo, oferecia aos ricos e cultos a possibilidade de se familiarizarem com o sentimento daqueles que tinham
de ganhar o pão com o suor do rosto.

O ofício que lhe deram era o mais comum em Tarso: a
construção de tendas de lã, provenientes das cabras, que tornaram a
região tão célebre. Paulo e seu pai sequer imaginavam a importância
que tal ofício teria em anos subsequentes: de suprir as necessidades
de Paulo e garantir-lhe o sustento durante as viagens missionárias e,
em uma ocasião em que era essencial que os propagandistas do cristianismo estivessem acima de qualquer suspeita de motivos egoístas,
forneceu-lhe os meios de se manter em posição de nobre indepen-
dência.

A esta altura, naturalmente surge uma pergunta: Antes de deixar a casa paterna para ingressar nos estudos de formação rabínica, Paulo teria frequentado a universidade de Tarso, antes de assentar-se à margem das fontes que brotam do monte de Sião? Sua familiaridade com toda a literatura helênica deve-se a duas ou três citações que ele faz de poetas gregos, daí a inferência. Porém, por outro lado, aponta-se que essas citações, breves e de lugares-comuns, são as que qualquer indivíduo que falasse o grego poderia conhecer e usar ocasionalmente; e tanto seu estilo como o vocabulário utilizado nas suas epístolas não são os da literatura grega, mas da Septuaginta, a versão grega das Escrituras hebraicas, usadas então universamente pelos judeus da Dispersão.

Aos olhos do pai de Paulo provavelmente seria um pecado permitir que seu filho frequentasse uma universidade pagã, todavia não é verossímil que ele, tendo crescido num grande centro intelectual e importante sede de educação, não recebesse alguma influência do tom acadêmico do lugar. O seu discurso em Atenas é a prova de que ele sabia usar, quando queria, um estilo muito mais elaborado que o utilizado em seus escritos. E não seria natural que alguém como Saulo se deixasse parar em absoluta ignorância dos monumentos da linguagem de que ele próprio utilizava.

Dessa culta cidade ainda lhe ficaram outras impressões. A universidade de Tarso era famosa pelas questões sem importância e mesquinhas rivalidades que costumavam agitar a calma dos retiros acadêmicos; era impossível que o ruído delas, que, por vezes, impregnava o ar, desse o primeiro impulso ao desprezo e escárnio a que ele sempre submeteu a perspicácia dos retóricos e as infladas disputas dos sofistas, e que constitui uma característica marcante em alguns dos seus escritos. Olhos juvenis, em um relance, percebem as coisas com clareza e segurança, e ele, ainda rapaz, teria percebido como era possível tamanha mesquinhez coexistir com lábios que ostentavam a mais bela fraseologia.

A escola de formação dos rabinos ficava em Jerusalém, para onde Paulo foi enviado quando tinha treze anos de idade. A sua chegada à Cidade Santa pode ter coincidido com o mesmo ano em que Jesus e os Doze a visitaram pela primeira vez; e as empolgantes emoções do menino Jesus, ao vislumbrar os aspectos da capital da sua raça, podem ser as mesmas que o menino de Tarso experimentou. Para todo o menino hebreu, de espírito religioso, Jerusalém era o centro de todas as coisas; nas suas ruas ecoavam passos de reis e profetas; memórias sagradas e sublimes apegavam-se aos seus muros e edifícios, e reverberava no esplendor de ilimitadas esperanças.

Ocorria que, nesta época, a sinagoga de Jerusalém era presidida por uma verdadeira sumidade, um dos mais importantes mestres em Israel, Gamaliel, aos pés de quem Paulo foi educado. Dos seus contemporâneos recebera o título de Beleza da Lei, e entre os judeus é ainda considerado como o Grande Rabi. Homem de caráter superior, espírito esclarecido, fariseu fortemente ligado às tradições, mas não intolerante nem hostil à cultura grega, como alguns dos mais respeitados fariseus. A influência de tal homem sobre um espírito inteligente como o de Paulo devia ter sido muito grande e ainda que o discípulo, por algum tempo, se mostrasse um zelote intolerante, todavia o exemplo do mestre devia ter cooperado, de certa forma, para a vitória que ele, finalmente, alcançou sobre os preconceitos.

O tempo de instrução a que se tinha de submeter um rabi era prolongado e peculiar. O curso consistia inteiramente de estudo das Escrituras e de comentários dos sábios e mestres a respeito delas. As palavras da Escritura e os conceitos dos sábios eram confiados à memória e, por meio de perguntas, que discípulos e mestres pediam que formulassem, a inteligência do estudante era aguçada e sua visão ampliada. As qualidades proeminentes do intelecto paulino, tão evidentes em sua carreira subsequente — a sua maravilhosa memória, sua lógica afiada, a superabundância das ideias e seu modo original de tratar qualquer assunto —, revelaram-se primeiro nesta escola e excitaram, ao que parece, o ardente interesse do seu mentor.

O que aprendeu aqui teve extrema consequência em sua futura carreira. Ainda que o seu principal destino fosse a missão aos gentios, foi também um grande missionário ao seu próprio povo. Em cada cidade que visitava, havendo nela judeus, ele primeiro se apresentava na sinagoga. Ali sua educação rabínica assegurava-lhe uma oportunidade de falar, e a sua familiaridade com os modos judaicos de pensar e raciocinar colocava-o em condições de dirigir-se aos seus auditórios da maneira mais apropriada, prendendo-lhes a atenção. O conhecimento que tinha das Escrituras habilitava-o a produzir provas de uma autoridade suprema para os seus ouvintes. Além do mais, ele estava destinado a ser o grande teólogo do cristianismo e o principal escritor do Novo Testamento. Ora, o NT tem sua origem no Antigo: o último contém, em todas as suas partes, as profecias que o primeiro é o cumprimento. Porém, fazia-se necessário, para tal demonstração, um espírito não apenas saturado com o cristianismo, mas também com o Antigo Testamento, e Paulo, nessa idade em que a memória é mais retentiva, adquiriu tal conhecimento do AT, que podia manejá-lo com a maior destreza e exatidão. Os seus pensamentos expressavam-se ao estilo da Escritura; ele faz citações literais e cita todas as partes com a mesma facilidade — da Lei, dos Profetas e dos Salmos. Dessa forma, o guerreiro estava devidamente equipado com as armas do Espírito, muito antes de conhecer a causa em que iria se engajar e pela qual morreria. Entretanto, qual era o seu estado moral e religioso? Preparava-se para ser um mestre em religião. Ele era propriamente um religioso?

Nem todos os que são enviados por seus pais, com o fim de se prepararem para o sagrado ofício, são religiosos, e em qualquer lugar do mundo, em todas as épocas, a mocidade é cercada de tentações que podem arruinar, já no início, a vida de um jovem. Alguns dos mais eminentes mestres na Igreja, tais como Santo Agostinho, tiveram de lastimar a metade da sua vida maculada e desfigurada por vícios e crimes. Não foi assim com Paulo em seus primeiros anos. Quaisquer que fossem as lutas que houvesse travado contra as paixões em seu íntimo, a sua conduta foi sempre ilibada.

Jerusalém não era, naquele tempo, um meio propício ao culto da virtude. Era aquela cuja santidade exterior e íntima depravação o nosso Senhor condenou alguns anos depois, fulminando-a com as mais duras declarações; verdadeira sede de hipocrisia, onde um jovem talentoso facilmente teria aprendido a maneira de alcançar as recompensas da religião, sem acovardar-se com os seus encargos. Porém, Paulo foi preservado no meio de todos estes perigos, e podia declarar, mais tarde, que ele havia vivido em Jerusalém, desde o princípio, com toda a boa consciência.

Do lar paterno, Saulo trouxe a convicção básica da sua vida religiosa, que confere valor e dignidade à vida, e o favor de Deus.

Essa convicção transformou-se em desejo apaixonado à medida que ele avançava em idade, e, com certeza, perguntaria a seus mestres, muitas vezes: De que maneira esse prêmio poderia ser alcançado? E a resposta seria certamente: "Pela observância da Lei". Terrível resposta porque à Lei importava não somente o que entendemos pelo termo, mas também à lei ceremonial de Moisés e as mil e uma regras acrescentadas pelos mestres judaicos, cuja observância convertia a vida em verdadeiro purgatório para uma consciência delicada.

Saulo, porém, não era homem de fugir das dificuldades. Em seu coração havia posto o propósito de alcançar o favor de Deus, sem o qual esta vida seria um vazio e a eternidade horrível e imersa em trevas; e se este era o caminho para a meta proposta, ele estava resolvido a trilhá-lo. Nisso se achavam empenhadas, não somente as suas esperanças pessoais, mas também as esperanças da nação. A esperança universal dos seus patrícios era de que o Messias viria somente a uma nação que guardasse a Lei, e dizia-se mesmo, que, se um homem a observasse perfeitamente, mesmo por um só dia, o merecimento, assim alcançado, faria baixar à terra o esperado rei. A educação rabínica de Saulo culminou, portanto, no desejo de alcançar este prêmio de justiça, e ele deixou os bancos de estudos sagrados com esta aspiração como o supremo objetivo da sua vida. Para o mundo, a resolução do estudante solitário poderia soar momentânea, mas fora uma decisão tomada em meio a secretas agonias e que, posteriormente, sem que ele soubesse, se voltaria para a direção acertada a partir do encontro maravilhoso a caminho de Damasco. Assim, a decisão tomaria corpo e chegaria ao conhecimento da humanidade.

Não podemos dizer em que ano Paulo concluiu sua formação em Jerusalém, ou para onde foi logo depois. Os novos rabinos, completados os estudos, espalhavam-se como ainda o fazem os nossos estudantes de teologia, e iniciavam o trabalho prático em diferentes partes do mundo judaico. É possível que ele tivesse tomado o rumo de sua terra natal, a Cilícia, e ali exercesse algum encargo na sinagoga. Seja, porém, como for, o que parece, sem dúvida, é que ele esteve por alguns anos afastado de Jerusalém e da Palestina, pois foram exatamente esses os anos em que ocorreu o movimento de João Batista e o ministério de Jesus; e seria impossível que Paulo, estando na circuvizinhança, deixasse de se envolver em ambos os movimentos, como amigo ou como inimigo.

Mas regressou, enfim, a Jerusalém. Naqueles dias, era tão natural para o mais notável talento rabínico locomover-se para Jerusalém, como é hoje para o talento literário ou comercial sentir-se atraído pelas metrópoles. Chegou à Capital judaica logo após a morte de Jesus, e podemos imaginar a representação que lhe fizeram do ocorrido e da maneira trágica como acontecera.

Nenhuma razão nos levaria a supor que, por esse tempo, quaisquer dúvidas lhe encobrissem o espírito no tocante à sua religião. Entretanto, pelo que apuramos dos seus escritos, ele passou por severos conflitos mentais. Embora conservasse firme na mente a convicção de que a bem-aventurança da vida era possível somente no favor de Deus, todavia, os seus esforços para alcançar a cobiçada posição pela observância da Lei não lhe haviam satisfeito o espírito. Pelo contrário, quanto mais se esforçava por observar a Lei, tanto mais vivas se tornavam as agitações do peccado em seu íntimo, mais e mais sentia oprimida a consciência pela convicção íntima da culpa, e a paz de uma alma repousada em Deus, objetivo supremo da vida, era um prêmio que zombava de todos os seus esforços.

Até àquele momento, o ensino da sinagoga não lhe suscitava dúvida alguma. Tudo lhe parecia em perfeita harmonia com a história do Antigo Testamento, de onde o contemplavam as figuras imponentes dos santos e profetas, garantia de que o sistema representado por eles, era divino, deixando transparecer, por entre suas estruturas, o próprio Deus de Israel, revelando-se na outorga da Lei. A razão de não haver atingido paz e comunhão com Deus era, pensava ele, porque não havia pelejado bastante contra o mal da sua própria natureza nem honrado suficientemente os preceitos da Lei. E não haveria serviço algum, pelo qual pudesse reparar todas as deficiências e ganhar, afinal, aquela graça na qual estiveram firmes os grandes da Antiguidade? Foi com tal disposição de espírito que ele voltou para Jerusalém, e ali soube, para sua surpresa e indignação, do surgimento de uma seita que acreditava que Jesus, o crucificado, era o Messias do povo hebreu.

O cristianismo não tinha mais que dois ou três anos, desenvolvendo-se muito tranquilamente em Jerusalém. Ainda que tivesse se espalhado para muitas partes pelos que ouviram a pregação em Pentecostes, sua representação pública ainda estava restrita à cidade que lhe servira de berço. A princípio, as autoridades estavam inclinadas a perseguir seus propagadores quando se mostravam em público, mas, mudando de opinião, induzidos pelo aviso de Gamaliel, resolveram ignorá-lo, sendo persuadidos de que, se deixado só, pereceria.

Os cristãos, de sua parte, davam o mínimo possível de razões para gerar qualquer problema que pudesse culminar em perseguição; no exterior da religião continuavam como judeus e zelosos da Lei, assíduos ao culto no templo, observando as cerimônias judaicas e acatando as autoridades eclesiásticas.

Era uma espécie de trégua que permitia ao cristianismo um pequeno espaço para o secreto crescimento. Os irmãos reuniram-se no cenáculo para partir o pão e orar ao Senhor assunto ao céu. Belíssimo espetáculo! A nova fé descera entre eles como um anjo, de cujas asas emanavam pureza sobre as suas almas, difundindo sobre as suas humildes assembleias o espírito da paz. O amor recíproco que havia entre eles não conhecia limites; estavam cheios do inspirador sentimento dos que fazem alguma descoberta, e quantas vezes se reuniam, no meio deles estava o seu Senhor invisível. Era como um céu sobre a Terra. Enquanto Jerusalém, em torno deles, prosseguia no ordinário curso de mundanismo e intrigas eclesiásticas, estas poucas e humildes almas felicitavam-se com um segredo que, elas bem o sabiam, continha em si a felicidade da raça humana e o futuro do mundo.

Mas as trevas não podiam durar por longo tempo, e as cenas de paz foram logo invadidas por terror e sangue. O próprio cristianismo não podia conservar-se em tréguas; nele há uma força de predomínio universal que, sob todos os riscos, o impele a propagar-se; e a fermentação do vinho novo da liberdade evangélica havia de, mais cedo ou mais tarde, arrebentar as formas da lei judaica.

Afinal, surge na igreja um homem em quem tais tendências agressivas se encorporam. Foi Estêvão, um dos sete diáconos, apontados para superintender os negócios temporais da comunidade dos cristãos. Cheio do Espírito Santo e favorecido de dons que a brevidade da sua carreira pode apenas sugerir, mas não desenvolver, ele seguia de sinagoga em sinagoga, pregando que Jesus era o Messias, e anunciando o advento da libertação do jugo da Lei. Campeões da ortodoxia judaica se apressam a rebatê-lo, mas não podem resistir à sua eloquência e santo zelo. Vencidos em argumentos, lançam mão de outras armas, incitando as autoridades e a população ao fanatismo homicida.

Uma das sinagogas em que tiveram lugar estes debates foi a dos cilicianos conterrâneos de Paulo. E não seria ele um rabino nesta sinagoga e um dos adversários de Estevão nas polêmicas travadas? O que, porém, é certo é que quando o argumento da lógica foi trocado pelo da violência, ele lá se achava, à frente. Quando as testemunhas, que deveriam atirar sobre Estevão as primeiras pedras, despiam-se para a obra inglória, era a seus pés que suas vestes foram depositadas. Ali, em um canto do cenário tumultuado, no campo do assassinato judiciário, encontramos a sua figura, em pé, em destaque entre os perseguidores incógnitos — a seus pés a pilha de vestidos multicores, e os olhos cravados sobre o mártir que, de joelhos, em transe extremo, orava e dizia:

"Senhor, não lhes imputes este pecado!" (Atos 7.60).

O elevado zelo que Paulo demonstou lhe garantiu lugar de proeminência no conceito das autoridades e, possivelmente, tenha sido o que lhe assegurou uma cadeira no Sinédrio, onde o encontramos, logo depois, votando contra os cristãos. Independentemente de como foi, fato é que ser zeloso contribuiu para que seus líderes confiassem a ele a obra do cabal extermínio do cristianismo, de acordo com a decisão tomanda pelas autoridades; tarefa que aceitou prontamente, persuadido de que, em sua missão, estaria realizando a obra de Deus.

Claramente, mais que qualquer outro, ele percebia o rumo

que o cristianismo estava tomando e sabia que se sua marcha não fosse impedida, causaria a derrocada de tudo o que, em seu conceito, havia de mais sagrado. A rejeição da Lei parecia, aos seus olhos, como o desaparecimento gradual do único caminho de salvação, e a crença em um Messias crucificado equivalia a uma blasfêmia contra a mais divinal das esperanças de Israel. Além do mais, havia, de sua parte, um profundo interesse pessoal nessa causa. Até então, Saulo havia pelejado para ser agradável a Deus, mas sentia o fracasso dos seus esforços. Agora, porém, se ele apresentava o momento propício para reparar todos os seus fracassos por um ato significativo de serviço. Este era o maior fator de motivação que aguçava seu zelo e multiplicava-lhe as energias. Não era homem de fazer as coisas pela metade; qualquer que fosse a tarefa, mergulharia nela, sem reservas.

As cenas que se seguiram a essa decisão foram as mais terríveis. Cavalgando velozmente, ia, de sinagoga em sinagoga e de casa em casa, arrastando homens e mulheres, lançado-os na prisão sob castigo severo. Alguns, ao que parece, foram entregues à morte, enquanto outros, com requinte de crueldade, foram forçados a blasfemar contra o nome do Salvador. A igreja de Jerusalém esfacelava-se, e aqueles de seus membros que se rendiam aterrorizados à fúria do ferrenho perseguidor, eram dispersos pelas províncias e países circunvizinhos.

Talvez pareça atrevimento dizer que este foi o derradeiro estágio da inconsciente preparação de Saulo para a carreira apostólica, mas, de fato, o foi. Ao iniciar a carreira de perseguidor, ele seguia sem desvios, a diretriz traçada pelo credo em que fora educado. Contudo, pela graciosa ação daquele, cuja glória é arrancar o bem das garras do mal, o resultado foi que a vida de Saulo migrou destes atos terríveis para a mais intensa humildade e tamanha prontidão para servir até ao menor dos irmãos daqueles a quem havia maltratado. Por haver sido resgatado do reino do mal, ele estava determinado a, com zelo total, recuperar cuidadosamente o tempo que desperdiçara perseguindo a causa de Cristo, empenhando todo esforço para usar sabiamente o tempo que teria de vida em prol da causa cristã.

CAPÍTULO 03
SUA CONVERSÃO

LOGOS PUBLISHER
CASA PUBLICADORA

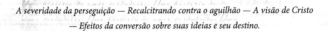

A severidade da perseguição — Recalcitrando contra o aguilhão — A visão de Cristo
— Efeitos da conversão sobre suas ideias e seu destino.

esperança do perseguidor era a de extirpar completamente o cristianismo, mas ele desconhecia a essência dessa nova fé; não contava com o fato de que ela cresce e se multiplica independentemente de circunstâncias e, especialmente, em meio a perseguições. A prosperidade tem-lhe sido fatal muitas vezes, porém a perseguição nunca: "...os que foram dispersos iam por toda parte pregando a palavra" (Atos 8.4). Até aquele momento, a igreja esteve restrita à circunvizinhança dos muros de Jerusalém, mas agora espalhara-se por toda a Judeia e Samaria, e foi mais distante ainda, chegando à Fenícia e Síria, alcançando, como farol, muitas cidades onde fazia fugir as trevas; e, nos cenáculos, alguns se reuniam para compartilhar suas alegrias no Espírito Santo.

Podemos imaginar a fúria do perseguidor quando foi informado a respeito dos progressos da fé, a mesma que ele pensava ter exterminado. Saulo, porém, não era homem de se deixar enganar. Tomou a firme resolução de sair no encalço daqueles que eram o alvo de seu ódio: os cristãos. Ele os caçava, como a animais, nos esconderijos mais obscuros e distantes. De cidade em cidade estrangeira, surge com aparatos de inquisidor, para satisfazer seus instintos sanguinários. Notificado de que Damasco, a capital da Síria, era um dos lugares onde os fugitivos estavam refugiados e que eles continuavam ali propagando entre muitos judeus as boas-novas do evangelho, dirige-se ao sumo sacerdote, sob jurisdição dos quais estavam os judeus dentro e fora da Palestina, e dele obtém autorização, por escrito, para prender, amarrar e trazer a Jerusalém tantos convertidos à nova fé quantos encontrar.

Ao vê-lo iniciar esta jornada, que haveria de se tornar tão importante, naturalmente somos levados a investigar suas convicções. Saulo era dotado de nobre natureza e de um coração sensível, mas a obra na qual empenhara todas as suas forças só podia compadecer-se com o mais brutal da raça humana. Será que, nesta emergência, alguma coisa havia ferido seu espírito? Aparentemente não. Somos informados de que, ao percorrer as cidades estrangeiras no encalço de suas vítimas, ele se enfurecia cada vez mais contra eles, respirando ameaças e morte. Contra quaisquer dúvidas que pudessem porventura assaltar seu espírito, erguiam-se as trincheiras da reverência pelos objetos que a heresia punha em risco; e, nessa obra sanguinária, se via forçado a desrespeitar seus sentimentos naturais. Será que isso não constituiria, exatamente, uma garantia de maior merecimento?

No entanto, nesta jornada, seu espírito sentia-se, afinal, minado pela dúvida. Era uma longa travessia, de mais de cento e sessenta milhas (equivalente a 267,2 km); utilizando-se dos meios rudimentares de locomoção da época, levaria, pelo menos, seis dias para percorrer o trajeto. É uma distância que se estendia por lugares desertos, onde não se via nada que ajudasse a distrair a mente das próprias cogitações. Nestes momentos, surgiram as dúvidas. Esse é o significado das palavras com as quais o Senhor o saudou:

"Dura coisa é recalcitrares contra os aguilhões" (Atos 26.14).

A figura de linguagem é tirada de um costume das terras do oriente: o carreteiro, por meio de uma vigorosa e extensa vara, em cuja extremidade se fixa um ferro ponteagudo, instiga o animal a caminhar ou a parar, ou a tomar outro caminho; e, se o animal resistir, é agredido com a ponta da vara, recebendo novas picadas, enfurecendo-se pelas feridas que recebe. Vívida imagem de um homem ferido e torturado pelas compulsões da consciência. Alguma coisa havia nele que se rebelava contra o curso de desumanidade que decidira trilhar, dando-lhe a impressão de que estava lutando contra Deus. Não é difícil suspeitar da origem dessas dúvidas; basta nos lembrar de que ele foi discípulo do grande Gamaliel, o defensor do espírito de humanidade e tolerância, que aconselhara no Sinédrio a que não se deixassem incomodar pelos cristãos.

Sendo ainda muito jovem, não podia ter ainda um coração por demais emperdenido, que não sentisse algo do horror que tão execrável obra sempre inspira. Tenso como estava e com zelo religioso em alto grau, as vozes da natureza não podiam ser sufocadas por muito tempo. Mas, provavelmente, suas compunsões foram principalmente despertadas pelo caráter e comportamento dos cristãos. Testemunha da nobre defesa de Estêvão, vira também, na câmara do Concílio, o seu rosto brilhar como o de um anjo. Vira-o também dobrar os joelhos no campo da execução e orar por seus assassinos. Saulo, certamente, apreciara muitas outras cenas semelhantes, no decorrer das perseguições que empreendera. Acaso, esta gente possuía qualquer aparência de inimigos de Deus? Ao invadir seus lares, para arrastá-los à prisão, entrevia vislumbres da sua vida social. Tais cenas de pureza e amor seriam, porventura, efeitos de poderes tenebrosos? A serenidade com que suas vítimas caminhavam rumo ao destino que as aguardava não seria a expressão daquela paz pela qual sua alma suspirava em vão há tantos anos?

Os argumentos dos cristãos também teriam abalado seu espírito. Tinha ouvido Estêvão provar, pelas Escrituras, que era necessário que o Messias padecesse; e o teor geral da apologética dos primeiros cristãos faz-nos crer que, durante seu julgamento, muitos dos acusados apelavam para passagens como Isaías 53, que prediz para o Messias uma carreira notadamente semelhante à de Jesus de Nazaré. Dos lábios deles era possível ouvir incidentes da vida de Cristo, que lhe sugeriam uma personagem muito diferente daquela esboçada por seus informantes fariseus; e as palavras do Mestre, citadas pelos cristãos, nada continham que denunciasse o fanático que, em seu modo de entender, Jesus havia sido.

É possível que essas fossem algumas das reflexões que agitavam o interior de Saulo, à medida que avançava na estrada, mergulhado em sombrios pensamentos. Mas não poderiam ser meras sugestões da tentação, mórbidas fantasias de um espírito fatigado, ou os murmúrios de um espírito perverso para tentá-lo e fazê-lo retroceder da tarefa que recebera do céu? A vista de Damasco, cidade tão esplendorosa quanto uma pedra preciosa no coração do deserto, teve sobre o jovem viajante o efeito de fazê-lo voltar a si. Ali, na companhia de rabinos e no excitamento que vem do esforço, ele sacudiria de si o peso dessas imaginações geradas na solitude. Faz a cavalgadura apertar o passo, e o sol meridiano, de que todos os viajantes no Oriente se esquivavam, a não ser os mais apressados, tirando uma longa sesta, lançava seus raios sobre ele como um grande olho ardente e vigilante, instigando-o a aproximar-se da porta da cidade.

As notícias de que Saulo se aproximava de Damasco chegaram antes dele à cidade, e o pequeno rebanho de Cristo, em oração, rogava que, se possível, o lobo que avançava para fazer depredações, fosse impedido de seguir viagem. Entretanto, mais e mais ele se aproximava. Estava na etapa final da jornada, e, ao avistar o lugar onde suas vítimas se refugiavam, seu o apetite foi aguçado para a presa. Mas o Bom Pastor ouvira o clamor do rebanho e saíra para defendê-los, enfrentando o inimigo em seu lugar. De repente, ao meio-dia, enquanto avançavam a cavalo sob o forte sol da Síria, Paulo e seus companheiros foram envolvidos por uma luz tão forte que ofuscava os raios do sol. Um choque fez vibrar a atmosfera e, em um segundo, caem prostrados em terra. O que aconteceu a partir daquele momento somente Saulo experienciou. Caído ao chão, o perseguidor ouviu soar-lhe aos ouvidos: "Saulo, Saulo, por que me persegues?" (Atos 26.14b). Erguendo a cabeça e olhando para cima, perguntou à figura radiante que lhe falava: "Quem és tu, Senhor?" (v. 15) e obtém uma resposta inesperada: "Eu sou Jesus, a quem tu persegues" (v. 15).

A forma como, mais tarde, Saulo se referiu a este acontecimento, leva-nos a crer que ele teve apenas uma visão espiritual de Jesus, e se refere a ela como a última das aparições do Salvador ressuscitado a seus discípulos, inserindo-a no mesmo plano das aparições a Pedro, a Tiago, aos Onze e aos quinhentos. Era, de fato, o próprio Jesus em sua roupagem humana, mas glorificado, que, por um momento, deixara o lugar onde agora se assenta no seu trono de Mediador, para mostrar-se a este discípulo eleito; e a luz que ofuscava o brilho do sol, não era outra senão aquela de que se revestira a sua humanidade. Disso são evidência, incidentalmente, as palavras dirigidas a Paulo, na ocasião, em idioma hebreu, ou antes na língua aramaica, a mesma com a qual Jesus se dirigia às multidões às margens do lago e conversava com os seus discípulos na solidão do deserto. E, como, antes, nos dias em que viveu em carne sobre a terra, costumava falar em parábolas, assim agora, repreendendo, usa de uma incisiva metáfora:

"Dura coisa é recalcitrares contra os aguilhões" (v. 14).

Seria impossível exagerar o que esse único instante foi capaz de produzir no espírito de Paulo. É uma maneira muito inadequada dividir o tempo pelas oscilações do pêndulo e as voltas do ponteiro de um relógio, marcando em minutos e horas, ou um calendário, marcando dias e anos, como se cada porção, assim calculada, fosse semelhante a outra em valor ou da mesma extensão. Esses recursos servem bem para os fins comuns da vida, porém, há medidas mais delicadas, para as quais seriam inteiramente inadequados. Um determinado espaço de tempo adquire diferentes graus de importância pela forma como as experiências nele ocorridas marcam a vida de alguém; não há uma hora exatamente igual a outra, e há horas em que, por sua intensidade e consequências, equivalem a meses. Assim computando, este único momento na vida de Paulo foi maior, talvez, que qualquer outro nos anos precedentes. O esplendor da revelação foi tão intenso, que podia ter chamuscado os olhos da razão e consumido a própria vida, assim como a luz externa cegara-lhe os olhos físicos.

Quando voltaram a si, os companheiros de Paulo procuraram o chefe. Ao encontrá-lo, perceberam que ele havia perdido a visão e tiveram de tomá-lo pela mão, para o conduzir à cidade. E como se transformaram as coisas! Em vez do orgulhoso fariseu, cavalgando pelas ruas com pompas de inquisidor, surge um homem quebrantado, trêmulo, apalpando, segurando a mão de um guia; recebido por seus hospedeiros, sob consternação generalizada, solicita ansiosamente um lugar onde possa ficar sozinho, e ali fica mergulhado em trevas.

No entanto, embora, por fora, reinasse a mais plena escuridão, interiormente havia luz. A cegueira lhe fora enviada com o propósito de separá-lo das distrações exteriores, a fim de que se concentrasse em olhar o que se mostrava em seu interior. Por essa razão, não comeu nem bebeu pelo período de três dias. Estava sobremaneira absorto em muitos e tumultuosos pensamentos que lhe afluíam à mente.

Pode-se afirmar seguramente que, nesses três dias, Saulo alcançou a visão, pelo menos parcialmente, de todas as verdades que, mais tarde, proclamou ao mundo. Na verdade, toda a sua teologia nada mais é do que a explicacão da sua própria conversão. Primeiro, toda a sua vida ruíra, em pedaços, a seus pés. Havia sido inteiriça, maravilhosamente coerente, figura-se como a dedução lógica da mais alta revelação que ele conhecia e, a despeito das imprecações, alinhada com a vontade de Deus; mas, afinal, colide, repentinamente, ficando em pedaços com o impacto.

O que lhe parecia o resumo da perfeição em serviço e obediência, havia maculado a sua alma com o crime de blasfêmia e sangue inocente. Esse era o resultado de buscar a justiça pelas obras da Lei. No mesmo instante em que sua justiça parecia haver chegado ao ponto de se converter na clareza há muito desejada é, de repente, colhida no forte calor desta revelação, e se contorce, manchada, em farrapos. Tinha sido, pois, um erro, do princípio ao fim. O que a Lei nos faz alcançar não é a justiça, mas a culpa, a condenação. Foi esta a evidente conclusão a que chegou e que se tornou um dos eixos da sua teologia.

Contudo, ao passo que a sua teoria de vida caía em fragmentos e com estrondo capaz de lhe sacudir os fundamentos da razão, sobrevinha-lhe, no mesmo momento, uma experiência oposta. Jesus de Nazaré lhe aparecera não com ira nem com vingança, como era de esperar, contra o mortal inimigo da sua causa. Castigo seria a primeira palavra que lhe irromperia dos lábios... a primeira e a última. Porém, em lugar disso, aparece diante de si uma face da qual resplandecia a benignidade divina, cheia de palavras atenciosas para com o seu perseguidor. Naquele mesmo instante, em que era derrubado em terra pela divina fortaleza, ele se sentia abraçado com ternura infinita o amor divino. Era este o prêmio pelo qual lutara em vão durante toda a vida e do qual agora se apropriara, no mesmo momento em que descobre que as suas lutas haviam sido contra Deus. Foi levantado da queda, pelos braços do amor divino; foi reconciliado e aceito para sempre. À medida que decorriam os anos, mais e mais essa certeza arraigava-se em seu espírito. Em Cristo encontrara aquela perfeita paz e fortaleza moral, pelas quais tanto lutara em vão.

Dissemos antes que a teologia paulina tinha alguns eixos, sendo, o primeiro deles, a constatação de que a Lei não nos possibilita alcançar a justiça, mas somente culpa e condenação. O segundo desses eixos é que justiça e fortaleza se encontram em Cristo, sem esforço do homem, e é recebida por mera confiança na graça de Deus e aceitação do seu favor. Centenas de outras coisas estavam envolvidas nestas, e requeriam prazo para se desenvolverem; mas é dentro destes dois eixos que o sistema do pensamento posterior de Paulo revolvia-se.

Antes de findarem os três dias de escuridão, algo mais lhe foi revelado: é que a sua vida haveria de ser devotada à proclamação destas verdades recém-descobertas. E não podia ter sido de outra forma. Propagandista nato, não lhe era possível estar de posse de tal verdade sem divulgá-la. Além do mais, Saulo tinha um coração ardente, suscetível aos profundos movimentos de gratidão, e quando Jesus, a quem blasfemara e tentara varrer da memória do mundo, tratava-o com tão grande bondade, restituindo-lhe a vida que julgava perdida, e colocando-o naquela posição que sempre lhe pareceu o lucro da vida, ele não podia senão dispôr-se ao seu serviço com todas as suas forças. Ardoroso patriota, a esperança do Messias ocupara em seu espírito a infinita extensão dos horizontes do futuro; e agora, convicto de que Jesus de Nazaré era o Messias do seu povo e o Salvador do mundo, ele necessariamente havia de empregar a vida em publicar tais verdades. Um testemunho adicional, de fora, vinha também anunciar-lhe, claramente, este destino.

Ananias, provavelmente o principal homem da pequena comunidade de Damasco, foi informado, em visão, da mudança que ocorrera em Saulo, e foi enviado para lhe restaurar a vista e admiti-

-lo na igreja cristã, mediante o batismo. Nada mais edificante que o modo como esse servo de Deus abraça o homem que viera à cidade para lhe tirar a vida. Logo que soube da situação, ele perdoou e esqueceu todos os crimes do seu inimigo e correu para acolhê-lo nos braços do amor cristão. Assim como, no decorrer daqueles três dias de cegueira, no íntimo de Paulo, a certeza de que havia sido perdoado foi absoluta, a chegada de Ananias foi para ele, sem dúvida, uma bendita confirmação quando, ao abrir de novo os olhos para o mundo externo, não encontrou contradição alguma das visões que antes contemplara; ao contrário, a primeira forma que viu foi a de uma face humana, inclinada sobre si, e um olhar que transparecia perdão e amor consumados. Ananias informou Paulo a respeito do futuro que lhe apontava o Salvador: Cristo o tomara para ser um vaso escolhido, a fim de levar o seu nome aos gentios e aos reis, e aos filhos de Israel. Com ilimitada devoção aceitou a missão e, desde aquele momento até a hora da sua morte, ele teve uma única ambição: alcançar aquilo para o quê havia sido alcançado por Cristo.

CAPÍTULO 04
SEU EVANGELHO

LOGOS PUBLISHER
OABA PUBLICADORA

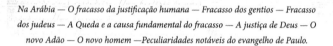

Na Arábia — O fracasso da justificação humana — Fracasso dos gentios — Fracasso dos judeus — A Queda e a causa fundamental do fracasso — A justiça de Deus — O novo Adão — O novo homem —Peculiaridades notáveis do evangelho de Paulo.

Quando uma pessoa se converte subitamente, como aconteceu com Saulo, ela sente um impulso irresistível para divulgar o fato. E o testemunho, nesse caso, é sobremodo impressivo, pela razão de que nasce de uma alma que recebe os primeiros vislumbres do mundo invisível e se reveste de tal veemência, que causa uma forte impressão de realidade.

Se Paulo se deixou levar ou não por este impulso, é algo que não podemos afirmar com certeza. A linguagem do livro dos Atos, em que se diz que ele "logo pregava a Cristo nas sinagogas", poderia levar-nos a pensar assim. Mas, dos seus próprios escritos, inferimos que ele era influenciado, ao mesmo tempo, por um outro impulso poderoso, a saber, o desejo de retirar-se para estar sozinho e pensar, amadurecendo o significado e as consequências do que lhe havia acontecido, e não sabemos a qual dos dois ele obedeceu primeiro.

A necessidade de estar a sós consigo mesmo era real para o apóstolo, e isso não é de estranhar, tamanha a intensidade de sua fé no antigo credo, pelo qual tudo arriscara; semelhante intensidade teve o abalo sofrido, ao vê-lo feito em pedaços de repente. Revolução ainda mais intensa, em maior grau e em amplo alcance, faria a nova verdade que brilhara em sua alma, ainda que, naquele momento, não tivesse como apreendê-la totalmente. Saulo era um pensador nato; não lhe bastava a experiência de qualquer coisa, mas ele deveria compreendê-la e ajustá-la na estrutura das suas convicções.

Portanto, logo após sua conversão, ele nos diz que se retirou para as regiões da Arábia. Verdade é que ele não menciona com que finalidade foi para lá; mas, como nada diz a respeito de ele haver pregado o evangelho ali, e a narrativa é a mesma em que faz a veemente defesa da originalidade do seu evangelho, podemos concluir, com bastante certeza, que ele se retirou com o propósito de assimilar mentalmente os detalhes e as consequências da revelação que acabara de receber. Solitário e em contemplação, seu espírito trabalhava e, ao voltar ao convívio com outros, trouxe consigo aquela visão do cristianismo que lhe era peculiar e que constituiu, nos anos subsequentes, o peso da sua pregação.

Paira certa dúvida a respeito do exato local do seu retiro, isso porque o termo "Arábia" se presta a um sentido vago e variável. No entanto, o mais provável é que ele se refira à Arábia das peregrinações dos israelitas, a região do monte Sinai. Era um lugar consagrado por grandes memórias e que evocava a lembrança de outros grandes vultos da revelação. Aqui Moisés viu a sarça ardente e confabulara com Deus no alto da montanha. Também era o lugar em que Elias, em seus dias de desalento, bebera de novo as fontes da inspiração. Que lugar poderia haver mais propício às meditações deste sucessor de outros grandes homens de Deus? Nos vales em que caíra o maná e à sombra dos pincaros que se abrasaram sob os pés de Jeová, ele ponderou o problema da sua vida.

É um grande exemplo. A originalidade na pregação da verdade depende da intuição que dela se recebe na solitude. Paulo teve a inspiração especial do Espírito Santo, mas isto não tornava desnecessária a atividade concentrada do seu próprio pensamento; ao contrário, ela lhe conferia apenas uma peculiar intensidade, e a clareza e certeza do seu evangelho resultou, em grande medida, desses meses de solitárias meditacões. É possível que seu retiro durou um ano ou mais, porque entre a conversão e a partida final de Damasco, para onde regressou ao voltar da Arábia, passaram três anos, e, pelo menos, um desses anos foi passado em reclusão.

Não temos nenhum registro circunstancial das feições gerais iniciais do evangelho paulino, senão de uma época muito posterior a esta; porém estas feições, à medida que vão sendo delineadas, revelam-se vasadas nos moldes da sua própria conversão. E como, neste período, o seu espírito trabalhava sem cessar e intensamente na interpretacão deste evento, não resta a menor dúvida de que o evangelho esboçado nas epístolas aos Romanos e aos Gálatas era substancialmente o mesmo que ele pregou desde o princípio; e, desses escritos, podemos inferir, com segurança, o conteúdo das suas meditações na Arábia.

O ponto de partida do pensamento de Paulo ainda era, como desde a infância, a convicção, herdada de gerações crentes, de que os verdadeiros fins e a felicidade do homem consistem na alegria do favor de Deus, e o favor de Deus havia de ser lançado pela justiça; somente com os justos Deus poderia estar em paz e favorecê-los com o seu amor. Alcançar a justiça devia ser, portanto, o fim principal do homem, mas o esforço humano para alcançá-la, com o consequente favor de Deus, foi um fracasso, e o homem ficou por isso exposto à ira divina. E isto ele demonstra passando em revista a História da humanidade, no tempo que precedeu a vinda de Cristo e nas suas duas grandes secções — os gentios e os judeus.

Os gentios fracassaram. Verdade é que podia supor-se que eles sequer possuíam as condições preliminares para buscar a justiça, porque não desfrutavam vantagens peculiares de uma revelação especial. Porém, Paulo demonstra que os próprios gentios possuem suficiente conhecimento de Deus para se convercerem da obrigação de buscar a justiça. Há uma revelação natural de Deus em suas obras e na consciência humana suficiente para iluminar os homens no tocante a esse dever. Contudo, em vez de fazerem uso desta luz, os gentios, criminosamente, a extinguiram. Não quiseram reter Deus em seu entendimento nem se sujeitar às restrições que um puro conhecimento de Deus impunha. Corrompendo a ideia de Deus, a fim de se acharem à vontade no meio de uma vida imoral, sobre eles caiu a vingança da natureza, obscurecendo e confundindo-lhes o intelecto, e sucumbiram-se em tão loucas extravagâncias que mudaram a natureza gloriosa e incorruptível de Deus em figuras de homens, de animais, de pássaros e répteis.

A degeneração intelectual foi seguida de uma decadência moral ainda mais profunda. Deus, despresado por eles, abandonou-

-os e, retidas as restrições da graça, afundaram-se na mais profunda podridão moral. Deles se apoderaram as mais torpes concupiscências e paixões, e a vida converteu-se numa série horrível de infecção moral. No final do primeiro capítulo aos Romanos, as suas condições são descritas em traços e cores tais, que pareciam copiadas da própria habitação dos demônios, mas que foram, entretanto, tiradas, da condição moral das nações gentílicas e cultas daquele tempo, como o provam, com clareza suficiente, historiadores pagãos da época. Portanto a história de uma parte da humanidade podia assim se resumir: que se distanciara absolutamente da justiça e encontrava-se exposta à ira de Deus, revelada do céu contra toda a injustiça dos homens.

Os judeus constituíam a outra parte. Teriam eles triunfado, ao passo que os gentios caíram? Desfrutavam, é certo, grandes vantagens sobre os gentios; estavam de posse dos oráculos de Deus, nos quais a natureza divina se revelava de forma tal que não podia ser desfigurada pela perversão humana, e assim a lei divina resplandecia a seus olhos com clareza incontrastável. Mas que proveito essas vantagens lhes trouxeram? Uma coisa é conhecer a Lei, e outra praticá-la; e a justiça consiste, não em conhecer, mas em praticar. Teriam eles, então, cumprido a justiça divina que conheciam?

Paulo havia vivido na mesma Jerusalém em que Jesus havia censurado a hipocrisia dos escribas e fariseus; tinha visto de perto a vida dos representantes da nação, e ele não hesita em acusar os judeus, em conjunto, de cometerem os mesmos pecados em que os gentios incorreram. Vangloriavam-se de seus conhecimentos e eram os portadores da tocha da verdade, essa chama ardente que expunha os pecados dos gentios; porém, a religião deles consisitia em críticas amargas da conducta dos outros, esquecidos de examinarem a si próprios, mediante a mesma luz; continuamente repetindo: "Não furtes", "Não cometas adultério" e uma infinidade de outros mandamentos que eles mesmos deixavam de cumprir, entregando-se eles próprios a tais pecados. Que benefício lhes alcançava, em tais condições, o seu conhecimento? Servia somente para agravar-lhes ainda mais a condenação, pelo motivo de que pecavam contra a luz que haviam recebido.

Os gentios, tão pobres em conhecimentos, eram relativamente inocentes, se comparados aos judeus que, protegidos em seus conhecimentos, com insolência transgrediam. A superioridade de que tanto se vangloriavam, revertia-se-lhes precisamente em desvantagem. Mais gravemente condenados que os gentios, encontravam-se expostos, consequentemente, a um castigo mais severo. A verdade é que tanto judeus como gentios fracassaram, em virtude da mesma causa. Seguindo-se estas duas correntes da vida humana até às origens, chega-se a um ponto em que já não são duas, mas apenas uma. Anterior à bifurcação ocorreu alguma coisa que predeterminou a ruína de ambas. Em Adão todos caíram, e dele todos "gentios e judeus" herdaram uma natureza por demais debilitada para a árdua tarefa de alcançar a justiça; a natureza humana, carnal, não espiritual é, portanto, incapaz deste excelso triunfo espiritual.

À vista de semelhante condição, a lei era impotente em razão de lhe faltar a força criadora para tornar espiritual o que é carnal. A ação da Lei serviu antes para agravar o mal, multiplando as transgressões; pois uma descrição plena e clara de pecados converte-se em tentação para a natureza enferma. O próprio conhecimento do pecado é um incentivo para cometê-lo; o simples mandamento para não fazer alguma coisa é, para as naturezas mórbidas, uma instigação para fazê-la. O efeito da lei foi este: multiplicar e agravar as transgressões. E foi esse também, precisamente, o intento de Deus. Não que ele seja o autor do pecado, mas que o tenha permitido, deixando que os gentios seguissem o seu próprio caminho, e deu a Lei aos judeus, para que o pecado da natureza humana tivesse ocasião de exibir todas as suas qualidades inerentes, antes de intervir para curá-lo. Entretanto, a cura do pecado foi sempre o seu real propósito: ele encerrou todas as coisas debaixo do pecado, a fim de usar de misericórdia para com todos.

A degradação extrema do homem foi a oportunidade de Deus; e não pretendemos dizer com isso que um dos meios de salvação foi danificado e Deus tenha lançado mão de outro, uma espécie de plano B. A Lei, na mente divina nunca se destinou a ser um meio de salvação; o seu papel era apenas o de elucidar a necessidade de salvação. Completa porém, a sua missão preparatória, marcou o momento em que devia ser revelado o método de Deus, oculto nos divinos conselhos, através de gerações de experiências humanas. O intento divino não era permitir o fracasso do homem no que concerne ao seu real destino; permitiu apenas que o tempo viesse demonstrar que o homem decaído não poderia jamais alcançar a justiça, por seus próprios esforços, e, cheganda a essa conclusão, o secreto divino desvendou-se, resumido nestas palavras:

"A justiça de Deus" (Romanos 3.22).

Nisto consistia o cristianismo: outorgar aos homens, mediante um dom gratuito, aquilo que é indispensável à sua bem-aventurança, mas que ele, por si próprio, não conseguira alcançar — eis a essência e o resultado supremo da missão de Cristo. Ato divino e produto da graça, só pode ser alcançado mediante a condição de o homem reconhecer a sua própria inabilidade para atingi-lo e de recebê-lo de Deus por méritos próprios; é conseguido somente pela fé.

"E a justiça de Deus mediante a fé em Jesus Cristo, para todos [e sobre todos] os que creem..." (Romanos 3.22).

Os que assim o recebem entram imediatamente naquela posição de paz e de favor com Deus em que consiste a felicidade humana, e que era o alvo almejado por Paulo em seus esforços para alcançar a justiça pela lei. "Justificados, pois, mediante a fé, temos paz com Deus por meio de nosso Senhor Jesus Cristo, por intermédio de quem obtivemos igualmente acesso, pela fé, a esta graça na qual estamos firmes, e gloriamo-nos na esperança da glória de Deus" (Romanos 5.1,2). É uma vida de gozo esplêndido, de paz e de esperança disponível para todos que tiveram a bendita graça de conhecer este evangelho. Pode haver provações, porém quando a vida do homem se alinha ao seu propósito e está nos trilhos de seu verdadeiro destino, as provações se tornam leves (2Coríntios 4.17,18) e todas as coisas cooperam para o bem (Romanos 8.28).

A justiça de Deus é destinada a todos os homens, e dela são participantes não apenas os judeus, mas também os gentios. A demonstração da inabilidade humana em alcançar a justiça se fez, conforme ao propósito divino, em ambas as seções da raça humana, e, uma vez concluídas, manifestou-se a graça divina para com ambas igualmente. A obra de Cristo destinava-se não aos filhos de Abraão, mas aos filhos de Adão: "Como em Adão todos morreram, assim todos serão vivificados em Cristo" (1Coríntios 15.22). Os gentios não necessitavam de se submeter ao rito da circuncisão nem guardar a Lei para obter a salvação; a Lei, em si, nenhum poder possuía de salvar, cabendo a ela um papel único na preliminar demonstração do fracasso do homem; e, uma vez que isso foi consumado, prestes estava a se desvanecer. A condição única para alcançar a justiça de Deus é a fé; e essa condição, tão simples, é facultada tanto ao gentio como ao judeu.

Foi essa a inferência paulina, extraída de sua própria experiência. Não como judeu, mas como homem é que foi tratado no processo que resultou em sua conversão. Gentio algum poderia estar mais apto no caso de uma salvação pelas obras do que Saulo. A Lei, longe de erguê-lo, um passo sequer, para mais perto da salvação, o arremessara para mais longe que qualquer gentio, precipitando-o no abismo de maior condenação. Que proveito teriam, então, os gentios de serem colocados na mesma condição? Para alcançar a justiça, que era agora o regozijo da sua alma, ele nada havia feito fora do alcance de qualquer ser humano.

Foi este amor universal de Deus, revelado no evangelho, que inspirou em Paulo essa ilimitada admiração pelo cristianismo. Asfixiado e oprimido até então, no ambiente de mesquinhas simpatias e de estreitas concepcções de Deus, a nova fé veio dilatar-lhe o coração, veio libertá-lo e trazê-lo a uma atmosfera luminosa, livre, revigorante, de horizontes infinitos. Deus tornou-se para ele, se assim podemos dizer, um "novo" Deus. Essa descoberta ele a menciona como "o mistério que estivera oculto dos séculos e das gerações" (Colossenses 1.26), mas que lhe fora revelado e aos seus companheiros de apostolado; o segredo dos séculos, destinado a introduzir uma nova era, melhor que qualquer outra que o mundo jamais viu.

A VIDA DE PAULO

Recebera a revelação que reis e profetas não conheceram. Resplandecera sobre ele como a alvorada de uma nova criação. Agora, Deus estava oferecendo a suprema felicidade da vida a cada homem— a justiça pela qual se esforçaram, em vão, séculos passados.

Verdade é que a nova época não havia ficado totalmente sem antecipações no passado, pois havia sido "testemunhada pela lei e pelos profetas" (Romanos 3.21). O testemunho da Lei poderia ter sido apenas de um modo negativo, demonstrando a necessidade de um tal método de salvação, mas os profetas a anteciparam de um modo mais positivo. Davi, por exemplo, declara ser "bem-aventurado o homem a quem Deus atribui justiça, independentemente de obras" (Romanos 4.6). Mais claro ainda foi o que Abraão antecipou: ele foi justificado, mas pela fé e não pelas obras; e a seu respeito está escrito que "Ele creu no Senhor, e isso lhe foi imputado para justiça" (Gênesis 15.6). A Lei nada tinha para fazer com respeito à justificação de Abraão, porque ela só veio à existência quatro séculos mais tarde; tampouco tinha a circuncisão qualquer interferência, visto que ele foi justificado antes de o rito ser instituido. Em resumo, foi como homem, não como judeu que ele foi tratado por Deus, e Deus poderia lidar da mesma forma com qualquer ser humano.

Houve um tempo em que o espinhoso caminho da justiça legal apresentava um aspecto fascinante ao espírito de Paulo, ao pensar que este caminho já fora trilhado por Abraão e os profetas; porém, agora, reconhecia que a vida religiosa desses grandes homens, cheia de gozo e serenos salmos, recebia inspiração de outras experiências, que, naquele momento, também derramavam paz celestial sobre o seu coração. Mas os santos do passado receberam apenas os primeiros clarões da alvorada; o dia perfeito era o que brilhava nos tempos do evangelho.

A descoberta que Paulo fez deste caminho de salvação era o fruto da experiência; ele simplesmente reconheceu que Cristo, encontrando-o, colocou-o naquele mesmo instante na posição de paz com Deus e de desfrutar seu favor; e à medida que os dias iam passando, ele sentia que nesta posição estava o gozo da verdadeira bem-aventurança da vida. A sua missão, a partir dali, seria a de proclamar esta descoberta, em sua realidade simples e concreta, sob o nome de justiça de Deus. Impossível, porém, foi a alguém como Paulo, deixar de examinar a maneira como Cristo se tornara valioso para ele. Na solidão da Arábia ponderou essa questão, e o evangelho, que depois proclamou, continha a luminosa resposta.

De Adão herdamos uma dupla herança dolorosa: o débito de culpa, que não é possível amortizar, e uma natureza carnal, incapaz da justiça. Essas são as duas feições do homem decaído e que constituem a dupla fonte de todas as suas misérias. Mas Cristo é o novo Adão, o novo cabeça da humanidade, e os que a ele estão unidos pela fé tornam-se herdeiros de uma dupla herança, em sentido exatamente oposto. De um lado, pelo nosso primeiro nascimento na linhagem do primeiro Adão, nos tornamos inevitavelmente enredados na culpa, semelhante a um filho que nasce em uma família arruinada por dívidas; assim também, de outro lado, pelo nosso nascimento na linhagem do segundo Adão, nos tornamos envolvidos pela ilimitada herança de Cristo, o Cabeça da família, que faz dos seus méritos patrimônio comum a todos os seus membros. E assim é cancelado o débito da nossa culpa e nos tornamos enriquecidos na justiça de Cristo: "Porque, como, pela desobediência de um só homem, muitos se tornaram pecadores, assim também, por meio da obediênca de um só, muitos se tornarão justos" (Romanos 5.19). E assim como Adão transmitiu a natureza carnal à sua posteridade, natureza contrária a Deus e inapta para a justiça, assim também o novo Adão, Cristo, confere à raça, de que ele é o cabeça, uma natureza espiritual, que tem afinidade com Deus, e que se deleita na justiça.

A natureza humana, segundo Paulo, consiste normalmente de três partes: corpo, alma e espírito. Em sua constituição original, acham-se essas três partes em relações definidas de superioridade e subordinação uma a outra: o espírito ocupando posição principal; a alma, a secundária; e o corpo, o último lugar. Com a Queda, essa ordem foi desconfigurada. Todo o pecado consiste em o corpo ou a alma ocuparem o lugar que compete ao espírito. No homem carnal, que vive no engano, a alma e o corpo — que formam juntamente o que Paulo denomina "a carne", ou aquele lado da natureza humana que olha para o mundo e o tempo, e que tomou posse do trono (centro da vida; coração) — governam totalmente a vida, ao passo que o espírito — o lado do homem que olha para Deus e a eternidade, tem sido destronado e reduzido a uma condição de ineficiência e morte. Cristo restaura a supremacia do espírito do homem que foi perdida, tomando posse dele pelo seu próprio Espírito. O Espírito divino faz habitação no espírito humano, vivificando-o e sustentando-o em crescente fortaleza, de modo a torná-lo gradualmente a parte dominante da constituição humana. Assim, o homem deixa de ser carnal e se torna espiritual; passa a ser guiado pelo Espírito de Deus, entra em harmonia com tudo o que é santo e divino.

A carne não se conforma em perder a supremacia, mas entorpece, trava o espírito e luta para de novo tomar posse do trono. Paulo descreve essa luta em termos terrivelmente incisivos, nos quais todas as geracões de cristãos têm reconhecido a expressão da sua mais profunda experiência. Mas o desfecho da luta não é de forma alguma duvidoso. O pecado não terá mais domínio sobre aqueles em quem o Espírito de Cristo habita, nem conseguirá demovê-los da sua posição de favor com Deus:

> *Porque eu estou bem certo de que nem a morte, nem a vida, nem os anjos, nem os principados, nem as coisas presentes, nem do porvir, nem poderes, nem a altura, nem a profundidade, nem qualquer outra criatura poderá separar-nos do amor de Deus, que está em Cristo Jesus, nosso Senhor" (Romanos 8.38,39).*

Tais são os traços gerais do evangelho que Paulo trouxe consigo da solidão da Arábia e que, depois, pregou com entusiasmo infatigável. As peculiaridades das suas próprias experiências como judeu haviam de, necessariamente conceder-lhe um tom particular às ideias e aos escritos, dificultando-nos a exata compreensão do sistema em alguns dos seus detalhes. A crença em que fora educado, de que ninguém podia salvar-se, sem primeiro tornar-se judeu, e as noções acerca da lei, de que teve de se libertar, são questões estranhas às nossas modernas impressões; porém seria impossível que, em seu espírito, se formasse uma teologia, a não ser em contraste com estas concepções errôneas. Isso tornou-se ainda mais inevitável no futuro, quando teve de confrontar os seus próprios velhos erros erguidos como lema de um partido no seio da própria igreja, contra o qual se viu obrigado a sustentar uma guerra longa e acirrada.

Não obstante este conflito tê-lo forçado a expressar mais claramente suas ideias, sobrecarregou-as de referências, de sentimentos e crenças inteiramente alheias aos interesses da humanidade atual. Porém, mesmo com tais dificuldades, o evangelho de Paulo permanece como um patrimônio de valor incalculável para a raça humana. A profunda investigação que fez da destituição e das necessidades da natureza humana, o assombroso desdobramento da sabedoria de Deus na educação do mundo anterior a Cristo e a exibição da profundidade e do caráter universal do amor divino são verdades que estão entre as mais profundas da revelação.

É, entretanto, no seu conceito de Cristo que o evangelho de Paulo ostenta a sua coroa imperecível. Os evangelistas esboçaram, em uma centena de traços de beleza simples e afetuosa, o aspecto da vida terrena do homem Cristo Jesus e nestes traços é que a conduta humana encontrara sempre o seu modelo; porém, ao apóstolo estava reservada a tarefa de fazer conhecida, em suas alturas e profundidades, a obra que o Filho de Deus cumpriu como Salvador da raça. Dificilmente se encontra nele qualquer referência aos incidentes da vida terrena de Cristo, embora aqui e ali, em seus escritos, transpareça o perfeito conhecimento que tinha de todos eles. Para o apóstolo, Cristo era sempre o Ser glorioso, brilhando com o resplendor do céu, e que lhe apareceu no caminho de Damasco, o Salvador que o recebeu na paz celestial e no gozo de uma nova vida. Quando a Igreja de Cristo pensa de seu Cabeça como o que liberta a alma do pecado e da morte, como uma presença espiritual e constante com ela e operando em cada crente, e como o Senhor de todas as coisas, que virá outra vez, o seu pensamento tem como base os moldes que lhe foram dados pelo Espírito Santo mediante a instrumentalidade deste apóstolo.

CAPÍTULO 05
A OBRA À ESPERA DO OBREIRO

LOGOS PUBLISHER
CASA PUBLICADORA

Oito anos de relativa inatividade — Os gentios admitidos à igreja cristã — Paulo
encontrado por Barnabé e levado a Antioquia — O trabalho que ali realizou — O
mundo conhecido naquela época — Os gregos — Os romanos — Os judeus — Os
bárbaros e os escravos.

D e posse agora do seu evangelho e persuadido de que a sua missão era proclamá-lo aos gentios, Paulo teve ainda de esperar longo tempo antes de iniciar a carreira para a qual fora chamado. Durante sete ou oito anos quase nada se ouve a seu respeito, entretanto, podemos imaginar algumas das razões providenciais que tornaram necessário esse tempo de quase anonimato; razões, talvez, de ordem pessoal em conexão com sua própria história espiritual, pois um dos meios comuns de disciplina providencial a homens aos quais é confiado algum comissionamento excepcional é fazê-los esperar.

Uma razão de ordem pública poderia ser o fato de Paulo haver se tornado muito malvisto pelas autoridades judaicas, que de modo algum suportariam vê-lo em cenários de tão importante atividade cristã. Tentara pregar em Damasco, onde se convertera, mas foi forçado a fugir imediatamente, diante da fúria dos judeus. Saindo dali, dirigiu-se para Jerusalém e começou a testificar a respeito de Cristo. Ao fim de duas semanas, a hostilidade era demais, o que impossibilitou sua permanência no lugar. Nada mais natural, pois: Como os judeus poderiam permitir que o homem que fora, até pouco tempo, o principal campeão da sua religião, pregasse a fé que lhe ordenaram extinguir? Expulso de Jerusalém, partiu para Tarso onde, durante anos, permaneceu em obscuridade. Com certeza, não deixou de testemunhar de Cristo ali, entre os de sua própria família; e há certos indícios de mobilizações evangelísticas promovidas por ele na Cilícia, a sua província natal. Contudo, o seu trabalho, qualquer que tenha sido, ficou na penumbra, fora da correnteza central e evidente do novo movimento religioso. Tais razões para a obscuridade desses anos são, apenas, hipotéticas. Mas uma razão havia, indubitável e da mais alta importância, para explicar a demora para o início da carreira de Paulo. Neste ínterim, aconteceu aquela revolução — uma das mais importantes na História da humanidade — pela qual aos gentios foram admitidos os mesmos privilégios na Igreja de Cristo. Realizou-se essa mudança mediante os apóstolos do círculo original, em Jerusalém; e Pedro, o principal dos apóstolos, foi o instrumento para levá-la a efeito. Pela visão que teve em Jope, de um lençol contendo animais limpos e imundos, foi preparado para a parte que lhe cumpria na transação, e ele recebeu o gentio Cornélio, de Cesareia, e sua família à comunhão da igreja pelo batismo, sem que tivessem de passar pela circuncisão. Era uma inovação que envolvia incalculáveis consequências. Foi uma preliminar necessária para a obra missionária de Paulo, e os subsequentes eventos patentearam a excelsa sabedoria deste dispositivo divino, pelo qual a primeira admissão de gentios à igreja se fez por intermédio de Pedro e não de Paulo.

Assim que isso aconteceu, o campo estava livre para a carreira de Paulo, e uma porta imediatamente lhe foi aberta. Quase simultaneamente com o batismo da família gentílica em Cesaréa, um grande despertamento irrompia entre os gentios da cidade de Antioquia, a capital da Síria. O movimento começou pelos fugitivos da perseguição em Jerusalém e foi se espalhando pela aprovação dos apóstolos, que enviaram Barnabé de Jerusalém. Barnabé era um dos seus confiáveis ajudantes e foi enviado para assumir a superintendência da obra.

Barnabé conhecia Paulo. Quando o apóstolo chegou a Jerusalém pela primeira vez, após a sua conversão, tentara unir-se aos cristãos dali, mas todos o temiam, suspeitando de que sob a lã de ovelha se ocultassem os dentes e as garras de um lobo. Mas Barnabé, erguendo-se acima destes temores, recebeu o novo convertido, acreditou nele e persuadiu os demais a recebê-lo. As relações, assim iniciadas, duraram apenas duas ou três semanas naquela ocasião, visto que Paulo teve de sair de Jerusalém; mas Barnabé recebera uma profunda impressão da sua personalidade, e jamais o esqueceu. Quando foi enviado a superintender o avivamento de Antioquia, viu-se logo assoberbado com a amplitude das demandas e a necessidade de auxílio, então ocorreu-lhe a ideia de que Paulo era exatamente o homem de que precisava. Tarso não ficava distante, então partiu para lá, a fim de encontrá-lo. Assim que o encontrou, estendeu-lhe o convite, ao que Paulo aceitou e veio com ele para Antioquia.

A hora tão esperada chegou, afinal. Paulo atirou-se à obra de evangelizar os gentios com o entusiasmo de alguém que encontra, enfim, seu propósito maior. O movimento tomou imediatamente grandes proporções, e os discípulos tornaram-se tão numerosos e proeminentes que os gentios lhes deram um novo nome: "cristãos", o que tem, desde aquele tempo, continuado como um marco da fé em Cristo.

Antioquia, uma cidade de meio milhão de habitantes, tornou-se o quartel-general do cristianismo, em lugar de Jerusalém. Formou-se ali, rapidamente, uma grande igreja, e uma das manifestacões do zelo de que se achava impregnada, foi o propósito, gradualmente convertido em resolução entusiástica, de enviar uma missão aos gentios.

Como era de esperar, Paulo foi escolhido para tal tarefa. Eis que, finalmente, está à frente da tarefa que lhe estava demarcada para a vida. Façamos agora uma breve pausa e voltemos o olhar para o mundo que ele se propunha a conquistar... e nada menos era o que ambicionava.

No tempo de Paulo, o mundo conhecido ocupava tão pequeno espaço, que não parecia impossível, mesmo a um só homem, empreender a sua conquista espiritual; e estava maravilhosamente aparelhado para a nova força que deveria em breve acometê-lo. Consistia em uma estreita porção de terra ao longo do mar Mediterrâneo. Naquele tempo, este mar fazia jus ao nome, porque nele estava o centro de gravitação do mundo, que se tem espalhado desde então por outras latitudes. O interesse da vida humana concentrava-se nos países meridionais da Europa, na porção da Ásia ocidental e na faixa do norte da África, enfim, todas as terras que formam as praias deste mar. Neste pequeno mundo havia três cidades que dividiam entre si o interesse daqueles séculos: Roma, Atenas e Jerusalém, as capitais das três raças — romanos, gregos e judeus — que, em todo o sentido, regeram o velho mundo. Não que eles tivessem dominado a terça parte do círculo da civilização simultâneamente, mas que cada um tinha, em tempos distintos, substituído o outro ou sido por ele substituído, ou ainda estava no poder, marcando ou tendo já deixado marcas indeléveis da sua influência na história.

Os gregos foram os primeiros a tomar posse do mundo. Povo inteligente, genial, considerados os mestres no comércio, na literatura e nas artes. Há muitos séculos, haviam revelado instinto de colonização, e seus filhos se espalharam pelo Oriente e o Ocidente, em paragens remotas da mãe-pátria, à procura de novos lares. Afinal, surgiu entre eles um homem que concentrou em si as mais fortes tendências da raça e que, pela força das armas, extendeu o domínio da Grécia até aos confins da Índia.

O vasto império grego esfacelou-se com a morte de Alexandre, mas, da vida e da influência dos helenos, ficou um resíduo em todos os lugares por onde passou o dilúvio das suas tropas vitoriosas. Cidades gregas, tais como Antioquia, na Síria, e Alexandria, no Egito, floresciam em todo o levante[2] ; mercadores gregos abundavam em todos os centros comerciais; professores gregos ensinavam a literatura do seu país em muitas terras, e o mais importante de tudo: a língua grega tornou-se o veículo geral para a comunicação entre uma nação e outra. Os próprios judeus, nos tempos do Novo Testamento, liam as suas Escrituras de uma versão grega, já que o hebraico se tornara uma língua morta.

Talvez o grego tenha sido a língua mais perfeita que o mundo conheceu, e sua difusão, antes de o cristianismo necessitar de um veículo de comunicação entre as nações, foi uma especial providência. O Novo Testamento foi escrito em grego e por onde quer que os apóstolos de Cristo viajassem, podiam fazer-se entender nesse idioma.

Depois, chegou a vez dos romanos obterem a posse do

2 Antigo nome dado à costa banhada pelo Mediterrâneo oriental (Turquia, Síria, Líbano, Egito e Israel (Nota do Editor).

mundo. Originariamente, uma pequena tribo nas vizinhanças da cidade que lhes deu o nome, eles extenderam-se gradualmente, fortificaram-se, e adquiriram tal perícia nas artes da guerra e do governo, que se tornaram conquistadores irresistíveis, marchando em todas as direções para se fazerem os senhores do globo. Submeteram a própria Grécia e, voltando para o levante, subjugaram os países que Alexandre e seus sucessores haviam dominado. A verdade é que o mundo inteiro, do estreito de Gibraltar[3] ao extremo oriente, caiu sob o seu domínio. Não possuíam o talento nem o espírito dos gregos; distinguiam-se pelas qualidades da força e da justiça; não pelas artes do poeta e do pensador, mas pelas do soldado e do magistrado. Apagaram as divisões entre as tribos de homens, obrigando-os a manter relações inimagináveis entre si, porque todos estavam prostrados sob o mesmo jugo férreo. Rasgaram os países com estradas que os ligavam a Roma, e o nível de qualidade de engenharia dessas estradas era tão alta que algumas delas existem ainda hoje. Por estas estradas é que correu a mensagem do evangelho. Assim também os romanos se mostraram pioneiros do cristianismo, porque a sua autoridade em muitos países oferecia aos arautos do evangelho facilidades de locomoção e proteção contra a arbitrariedade da justiça nos tribunais locais.

Contudo, os judeus, da terceira nação mais influente da Antiguidade, também conquistaram o mundo. A marca dos judeus na história não se deu pela força das armas, como no caso dos romanos, nem pelas artes, como ocorreu com os gregos. Verdade é que, durante séculos, sonhavam com o advento de um herói guerreiro, cujas façanhas ofuscariam as dos mais celebrados conquistadores entre os gentios. Isso, porém, não aconteceu, pelo menos não da forma como imaginaram durante anos. Seu Messias os livraria, sim, e reinaria também; contudo o livramento e reinado seriam muito superiores a tudo que poderiam conceber, com sua mente tão apegada ao que é terreno.

---

3 Canal de água que liga o Oceano Atlântico ao mar Mediterrâneo. Situa-se entre o sul da Espanha e o norte de Marrocos, separando o continente europeu do africano Disponível em: https://www.infoescola.com/hidrografia/estreito-de-gibraltar. Acesso em: junho de 2021 (Nota do Editor).

Não há mudança mais notável nos hábitos de uma nação do que a experimentada pelos da raça judaica, em um período de quatro séculos, decorridos entre Malaquias e Mateus, e que não foram registrados nas Sagradas Escrituras.

No Antigo Testamento (AT), encontramos os judeus encerrados pelos estreitos limites da Palestina, ocupados especialmente de trabalhos agrícolas e zelosamente abstendo-se de relações com os povos estrangeiros. No Novo Testamento (NT), encontramo-los ainda fortemente apegados à Jerusalém e às suas ideias de exclusivismo separatista, mas os seus hábitos e costumes estão completamente transformados. Haviam abandonado a vida agrícola, atiraram-se com avidez e sucesso ao comércio, e, com este objetivo em vista, espalharam-se por toda a parte —África, Ásia e Europa —, e não há qualquer cidade importante onde não sejam encontrados. A razão de ter ocorrido tão extraordinária mudança não é algo fácil nem breve de descrever as é fato que ocorreu e tornou-se uma circunstância de extrema importância na história do cristianismo primitivo.

Onde quer que os judeus se estabelecessem ali teria uma sinagoga, as Sagradas Escrituras e a crença inflexível no Deus uno e verdadeiro. E mais ainda: as suas sinagogas, em toda a parte, atraíam prosélitos das populações gentílicas ao redor. Neste tempo, as religiões pagãs encontravam-se em estado de completo colapso. As nações menores haviam perdido a fé em suas divindades, porque elas não os tinham defendido dos vitoriosos gregos e romanos. Porém os conquistadores, por outras razões, haviam também perdido a fé nos próprios deuses.

Era um século de ceticismo[4], de decadência moral e cor-

---

4 **Ceticismo antigo (Filosofia):** corrente à qual pertenciam duas escolas: a dos pirronistas e a dos neoacadêmicos. Segundo os pirronistas, escola fundada por Pirro de Élide (séculos IV-III a.C.), é impossível chegarmos ao conhecimento das coisas, em relação às quais devemos ter sempre uma atitude de reserva, de dúvida. Não devemos confiar nem em nossas sensações, nem em nossos julgamentos, resultando daí a paz da mente, a ataraxia, na qual reside a felicidade. Os neoacadêmicos (Arcesilau e Carneades, séculos III- II a.C.) desenvolveram o probabilismo, doutrina que também pregava a impossibilidade de se conhecer a verdade absoluta, mas distinguia verdades mais ou menos prováveis. A história do ceticismo antigo termina com Sexto Empírico (final do século II a.C.), cujas obras são uma compilação conscienciosa de todo esse período (Nota do Editor).

rupção. Porém, sempre haverá quem necessite de uma fé que possa acolher. O povo andava em busca de uma religião, e muitos deles encontravam refúgio, contra os mitos absurdos dos deuses do politeísmo, na pureza do monoteísmo do credo judaico. As ideias básicas deste credo são também as do fundamento da fé cristã. Para onde quer que viajassem os mensageiros do cristianismo, encontravam muitas pessoas que tinham as mesmas concepções religiosas. Nas sinagogas, foram proferidos os primeiros sermões, e dentre os judeus e prosélitos aconteceram as primeiras conversões. A sinagoga foi a ponte pela qual o cristianismo se transportou para os gentios.

Esse era, então, o mundo que Paulo se dispunha a conquistar. Era um mundo impregnado, em toda a parte, pela influência desses três povos. Mas havia outro fator da população que é preciso ter em mente, porque muitos dentre eles foram convertidos à mensagem dos pregadores primitivos: eram eles habitantes originais dos vários países, também escravos, prisioneiros de guerra ou seus descendentes, sujeitos a serem transferidos de uma parte para outra, ou vendidos segundo as necessidades ou os caprichos dos seus senhores. Uma religião que se gloriava especialmente em publicar alegres novas aos pobres, não poderia esquecer estas classes oprimidas; e, embora o conflito do cristianismo com as forças que dominavam então os destinos do mundo seja o que mais aparece, há uma verdade que não deve jamais ser esquecida: é que o seu verdadeiro triunfo consistiu sempre em suavizar e iluminar a sorte dos humildes.

Ceticismo moderno (Filosofia): corrente de pensamento associado, principalmente, ao filósofo inglês David Hume (1711-1776), que começa por uma crítica do conhecimento; nada nos é dado fora da percepção, que produz em nós impressões e ideias. De acordo com Hume, a verdade e a falsidade de todas as afirmações a respeito da existência e da natureza das coisas no mundo exterior só podem ser descobertas se compararmos essas afirmações com as evidências de nossas percepções sensíveis (Nota do Editor).

CAPÍTULO 06
AS VIAGENS MISSIONÁRIAS

LOGOS PUBLISHER
CASA PUBLICADORA

*A Primeira Viagem — Os companheiros — Chipre — Mudança do nome de Paulo —
O continente da Ásia Menor — A deserção de Marcos — Antioquia de Pisídia e Icônio
—Listra e Derbe — O retorno — A Segunda Viagem — A separação de Barnabé
—Metade da Viagem que não ficou registrada — Viagem à Europa — À Grécia — Á
Macedônia — As mulheres e o evangelho — A liberalidade das igrejas — A Acaia —
Atenas — Corinto — A Terceira Viagem — Éfeso — Polêmica contra a superstição.*

A PRIMEIRA VIAGEM

Desde o início, era costume dos pregadores cristãos não irem sozinhos às suas expedições, mas de dois em dois. Paulo foi ainda além desta prática, indo geralmente com dois companheiros, sendo um deles um homem de menos idade, que assumia os encargos dos arranjos da viagem. Na Primeira Viagem, levou Barnabé e João Marcos, o sobrinho[5] de Barnabé, como seus companheiros.

Como vimos, Barnabé pode ser chamado de "o descobridor de Paulo"; e, ao empreenderem juntos essa jornada, ele estava, provavelmente, em posição de ascendência sobre o apóstolo, tal era o prestígio que desfrutava na comunidade cristã. Convertido, ao que parece, no dia de Pentescostes, havia tomado parte de destaque nos eventos subsequentes. Homem de boa posição social e proprietário de terras em Chipre, o que mais lhe trazia prestígio aos olhos dos irmãos é que havia sacrificado tudo em prol do novo movimento pelo qual se deixara conduzir. Naquela expressão de entusiasmo que levou os primeiros cristãos a distribuir suas propriedades, ele vendeu as suas possessões e depositou o valor aos pés dos apóstolos. Ocupado, constantemente, desde então, na obra da pregação, deu provas de tão notável dom de eloquência, que foi chamado de "filho

5 Ou Primo.

66

de exortação". Um incidente, ocorrido em uma fase posterior desta jornada, dá-nos uma ideia da aparência dos dois homens.

Quando os habitantes de Listra os tomaram por deuses, chamaram Barnabé de Júpiter e Paulo de Mercúrio. Ora, na arte antiga, Júpiter era sempre representado por uma figura alta, majestosa, complacente, ao passo que Mercúrio, pequenino e veloz, era o mensageiro do pai dos homens. Era, pois, natural que Barnabé, de figura imponente, de aspecto benevolente e paternal, fosse tido por eles como o chefe e diretor da expedição, enquanto Paulo, pequenino e ligeiro, seria tido como o subordinado. A direção que tomou a viagem foi a que se podia esperar das preferências de Barnabé. Primeiro foram a Chipre, a ilha onde possuíra as propriedades e onde se achavam ainda muitos dos seus amigos. Oitenta milhas a sudoeste de Selêucia, estava o porto de Antioquia; uma viagem de apenas um dia.

Mesmo que Barnabé aparentasse ser o chefe, o bom homem sabia que as humildes palavras de João Batista em referência ao Cristo podiam ser aplicadas por ele em relação ao companheiro: "Convém que ele cresça e que eu diminua" (João 3.30). Seja, porém, como for, logo que o trabalho se intensificou, ficou claro que Paulo realmente assumira a liderança da tarefa apostólica. Depois de atravessar a ilha de leste a oeste, em toda sua extensão, evangelizando, chegaram a Pafos, a capital, e ali os problemas que os motivaram a realizar essa viagem missionária lhes foram apresentados de forma concreta.

Pafos era uma cidade portuária, localizada a sudoeste da ilha de Chipre; era a sede do culto a Vênus, a divindade do amor, nascida, como diziam e acreditavam, da espuma do mar daquela mesma cidade; e o culto que lhe prestavam revestia-se da mais exagerada licenciosidade. Era um quadro, em miniatura, da Grécia imersa na decadência moral. Pafos era também a sede do governo romano, e na cadeira proconsular assentava-se um homem chamado Sérgio Paulo, cujo caráter nobre, sem certeza de crenças, era uma cabal demonstração da incapacidade de Roma, naquela época, de satisfazer às mais profundas necessidades dos seus melhores filhos. Prevalecendo-se da credulidade de um espírito inquiridor, florescia na corte um judeu exorcista e charlatão, cujas artes eram um quadro da profunda depressão em que podia naufragar o caráter do judeu. Toda esta cena era apenas uma miniatura do mundo de males que os missionários buscavam sarar.

Foi devido a tais exigências que Paulo desvendou, pela primeira vez, a poderosa força que possuía. Pelo poder do Espírito Santo, que agia nele, dando-lhe forças para superar todos os obstáculos, ele fez o judeu mágico prostrar-se e o castigou, converteu o governador romano e fundou na cidade uma igreja cristã, em oposição ao templo grego. Daquele momento em diante Barnabé passou a ocupar um lugar em segundo plano, e Paulo assumiu a sua posição natural de líder da missão; a partir daí já não se lê mais, como antes, "Barnabé e Saulo", mas "Paulo e Barnabé". O subordinado tornou-se o líder; e, como para assinalar que ele se tornara um novo homem e assumira uma nova posição, Paulo não foi mais chamado de Saulo, seu nome judaico até então, mas de Paulo, como se tornou conhecido para sempre entre os cristãos.

Paulo, o novo líder, foi visivelmente o organizador da presente expedição, assim como Barnabé foi da primeira. Eles cruzaram o oceano para Perga, cidade quase no meio da costa meridional da Ásia Menor; em seguida passaram para o norte, cem milhas no interior do continente, e então, em direção ao leste, seguiram até um ponto quase diretamente ao norte de Tarso.

Este itinerário conduziu-os por uma espécie de semicírculo através dos distritos de Panfília, Pisídia e Licaônia, a oeste e ao norte com a Cilícia, a província natal de Paulo. E assim, caso já houvesse evangelizado a Cilícia, seus trabalhos extendiam-se, agora, apenas às regiões mais próximas e comarcas.

Em Perga, ponto de partida da metade da segunda expedição, a viagem sofreu uma adversidade: João Marcos desertou dos companheiros e embarcou de volta. Possivelmente, a nova posição de Paulo lhe causasse descontentamento, embora ao tio, generoso como era, não fosse difícil ver que isso estava na ordem natural e provinha de Deus. Porém, o mais provável é que a causa da deserção do jovem viajante fosse o temor à vista dos perigos que estavam prestes a enfrentar: perigos tão sérios capazes de fulminar de terror os ânimos mais intrépidos. Além de Perga, erguiam-se os nevados picos das montanhas de Taurus, que deviam ser transpostas através de estreitas passagens entre as montanhas, onde pontes arruinadas serviam de passagem, sobre violentas torrentes, e onde se localizavam os esconderijos dos bandidos, que espreitavam os viajantes para assaltá-los; esses criminosos estavam escondidos em locais tão inacessíveis, que nem mesmo as armas romanas haviam conseguido exterminá-los. Vencidos estes perigos preliminares, a perspectiva além podia ser tudo, menos convidativa. O país ao norte do Taurus era um vasto tabuleiro, mais elevado que os mais altos picos das montanhas da Inglaterra, semeados de lagos solitários, cuja população era rude e falava uma infinidade de dialetos. Essas coisas deixaram Marcos aterrorizado, por isso o jovem decidiu regressar ao seu lugar de origem. Porém, os companheiros seguiram viagem, pois bastava-lhes saber que ali houvesse multidões de almas perdidas e prestes a perecer, carecendo da salvação que anunciavam; e Paulo sabia que nessas longínquas regiões, entre os pagãos, estavam espalhados muitos dos seus concidadãos.

Seria possível, para nós, imaginarmos o modo como, provavelmente, viviam os moradores das cidades que os missionários visitariam? Certamente não era fácil, mas, os viajantes esforçavam-se para vê-los com os olhos do coração. Assim, onde quer que entrassem, não podiam deixar de pensar nos habitantes do lugar como as mais importantes personagens. Pode ser que os vejamos entrando triunfantemente, transportados em carros que conduziam os vitoriosos combatentes que regressavam à casa depois da batalha. Entretanto, a realidade era muito diferente disso. Eles entravam em uma cidade, tão em silêncio e despercebidos, como quaisquer dois estranhos que perambulassem de manhã pelas ruas de quaisquer das nossas cidades. Ao chegar buscavam por estadia e, em seguida, saíam à procura de trabalho, para cobrir suas despesas. Nada poderia, portanto, ser mais simples. Quem poderia jamais imaginar que este homem, coberto da poeira das estradas, andando de porta em porta e pelas oficinas dos fabricantes de tendas à procura de trabalho, trazia sob as vestes o futuro do mundo!

Chegando o sábado, eles cessariam com o trabalho, como

os demais judeus do lugar, e iriam à sinagoga. Tomariam parte nos cânticos dos salmos e nas orações com os outros adoradores e escutariam a explicação das Escrituras. Depois, o presbítero que presidia a reunião perguntaria se algum dos presentes desejava dizer alguma coisa. Era, então, a oportunidade de que Paulo precisava. Levantando-se, com a mão estendida, começava a falar. O auditório imediatamente reconhecia o tom característico de um rabino educado; e a voz do estranho prendia a atenção dos ouvintes.

Aproveitando as passagens que haviam sido lidas, ele percorria o curso da história judaica até o ponto de anunciar que o Messias, que os antepassados esperavam e que os profetas anunciaram, tinha vindo; e ali, no meio deles, estava o apóstolo que lhes fora enviado. Seguiria então a história de Jesus. Verdade é que fora rejeitado pelas autoridades de Jerusalém e crucificado, mas, como ficou claro, isso aconteceu em cumprimento das profecias; e a sua resurreição de entre os mortos constituía uma prova infalível de que fora enviado por Deus; agora, porém, estava exaltado como Príncipe e Salvador, para proporcionar arrependimento e remissão dos pecados a Israel.

Bem, podemos imaginar a sensação produzida pelo sermão de um pregador tão singular e o murmúrio de conversação entre os assistentes, depois de despedida a sinagoga. Este seria o assunto da semana na cidade, e Paulo tinha alegria em conversar durante as horas de trabalho ou nos intervalos da tarde com aqueles que desejassem mais informação. No próximo sábado, a sinagoga estaria lotada, não somente de judeus, mas também de gentios, curiosos para ver os estrangeiros; e Paulo, agora, revelava o segredo de que a salvação por Jesus Cristo era oferecida de graça aos gentios, assim como aos judeus. Era esse, geralmente, o sinal para os judeus começarem contradizer e blasfemar, e voltando-lhes as costas, Paulo falava aos gentios. Neste meio-tempo, crescia o fanatismo dos judeus que, ou incitavam a multidão ou conseguiam o apoio das autoridades contra os estrangeiros; e, numa tempestade de tumulto popular ou por decreto da autoridade, os mensageiros do evangelho eram banidos da cidade. Foi o que aconteceu em Antioquia de Pisídia, o primeiro lugar em que acamparam no interior da Àsia Menor, e que se repetiu inúmeras vezes depois, na vida do apóstolo.

A saída nem sempre era fácil. Em Listra, por exemplo, encontraram-se no meio de uma população de gentios rudes, tão encantados a princípio com as palavras cativantes dos pregadores e com a sua aparência, que os tomaram por deuses e estavam a ponto de oferecer-lhes sacrifícios. Isso encheu os missionários de horror, e eles rejeitaram imediatamente as honras, sem preâmbulos, e as intenções da multidão desordenada. Porém, uma repentina mudança ocorreu no sentimento popular, e Paulo, apedrejado, foi lançado para fora da cidade e dado como morto.

Essas foram as cenas do tumulto e perigo a que se expuseram nesta região longínqua. Porém, o entusiasmo da comitiva nunca diminuiu. Jamais pensaram em voltar atrás. Expulsos de uma cidade, dirigiam-se para outra, aparentando total derrota; entretanto, nunca se retiraram de uma cidade sem deixar após si um pequeno bando de convertidos, talvez uns poucos judeus, uns tantos mais de prosélitos e um certo número de gentios. O evangelho encontrava aqueles a quem se destinava: corações penitentes, oprimidos sob o peso do pecado, almas descontentes do mundo e da religião dos antepassados, corações ávidos de divina afetividade e amor; e "creram todos os que haviam sido destinados para a vida eterna" (Atos 13.48b), constituindo, em cada cidade, o núcleo de uma igreja cristã. Mesmo em Listra, onde a derrota parecia tão completa, um pequeno grupo de pessoas com corações fiéis reuniu-se em torno do corpo lacerado do apóstolo, fora das portas da cidade. Eunice e Loide estavam ali, com sua delicadeza, ofertando cuidados a Paulo; e o jovem Timóteo, ao contemplar o rosto pálido e ensanguentado, sentiu a sua alma unir-se para sempre ao herói que, pela sua fé, tinha a coragem para sofrer até à morte.

No ardente amor desses corações crentes, Paulo encontrava compensação pelos sofrimentos e injustiças que padecia. Se o povo desta região, como alguns presumem, formava parte das igrejas da Galácia, podemos então ver, pela carta que lhes enviou, o grau de afeto que Paulo nutria por aqueles irmãos. Eles o receberam, diz ele, como a um anjo de Deus e, mais ainda, como ao próprio Jesus Cristo; estavam prontos a arrancar os próprios olhos e dar a ele. Era gente de uma bondade rude e impulsos repentinos; para a nova fé, que haviam adotado, traziam o exibicionismo sensacional da religião nativa. Estavam cheios de gozo e do Espírito Santo, e o despertamento irradiou-se com muita rapidez, até que a palavra, ressoando das pequeninas comunidades cristãs, fez-se ouvir desde ao longo das encostas do Taurus e para adiante.

Tais demonstrações de afeto não podiam deixar de encher de gozo o coração de Paulo, que correspondia com o mais profundo amor de sua alma. Pisídia, Antioquia, Icônio, Listra e Derbe são cidades mencionadas no primeiro itinerário; ao chegar à última delas, termina a viagem, podendo descer a Tarso pelas portas cilicianas e dali seguir para Antioquia, ele prefere voltar pelo mesmo caminho pelo qual viera. Apesar de iminente perigo, ele tornou a visitar todos os lugares por onde havia passado, para ver de novo os seus novos irmãos e animá-los diante da perseguição; em cada cidade ordenou presbíteros para zelarem pelas igrejas em sua ausência.

Por fim, os missionários desceram dos planaltos para a Costa, ao sul, e navegaram para Antioquia, de onde haviam saído, abatidos pelo trabalho e pelos sofrimentos, porém radiantes de alegria pelas vitórias alcançadas. Eram recebidos pelos que os enviaram e que, sem dúvida, os acompanhavam com as suas orações; e à semelhança dos descobridores que retornam após descobrir um novo país, eles relataram os milagres da graça que testemunhas no estranho mundo gentílico.

A SEGUNDA VIAGEM

Podemos dizer que, na Primeira Viagem Missionária, Paulo fez apenas um *test drive* de suas asas, porque sua rota, apesar de bem-sucedida, descrevia somente o início de tudo, um limitado círculo em torno da sua província natal. Na Segunda Viagem, empreendeu um voo muito mais distante e perigoso. Incontestavelmente, esta viagem foi, não só a maior até aquele momento, mas também uma das mais importantes registradas na história da raça humana. Suas consequências sobrepujaram indubitavelmente a expedição de Alexandre, o Grande, que levou armas e a civilização da Grécia para o coração da Ásia, ou a de César, que desembarcou nas costas da Bretanha, e mesmo a de Colombo, descobrindo um novo mundo. Entretanto, ao iniciá-la, Paulo não fazia ideia da magnitude que ela alcançaria nem do rumo que tomaria. Depois de descansar brevemente após a Primeira Viagem, ele disse aos seus companheiros: "Voltemos, agora, para visitar os irmãos por todas as cidades nas quais anunciamos a palavra do Senhor, para ver como passam" (Atos 15.36). O que o impelia era o desejo paternal de ver seus filhos espirituais. Deus, porém, tinha planos maiores, que iam ficando cada vez mais patentes à medida que avançava.

O início desta viagem foi, infelizmente, nublado por uma disputa entre os dois amigos, que intentavam realizá-la juntos. A ocasião da divergência foi o oferecimento de João Marcos para acompanhá-los. Provavelmente este moço, ao ver Paulo e Barnabé regressarem sãos e salvos do empreendimento de que ele havia desertado, reconheceu o erro que cometeu e quis repará-lo, acompanhando-os agora. Barnabé, naturalmente, desejava levar o sobrinho, porém Paulo não concordou. Um dos missionários, homem de bondade fácil, insistia sobre o dever de perdoar; ao passo que o outro, cheio do zelo de Deus, mostrava o risco de tornar uma obra tão sagrada dependendo, de alguma forma, de uma pessoa com quem não se podia contar, porque "Como dente quebrado e pé sem firmeza, assim é a confiança no desleal, no tempo de angústia" (Provérbios 25.20). Qual deles estava com a razão, ou se ambos estavam parcialmente errados, não podemos dizer; o certo é que ambos sofreram com o ocorrido: Paulo, por ter de apartar-se, irritado, do homem a quem, mais do que a qualquer outro ser humano, ele era devedor; e Barnabé, por se haver separado do homem mais relevante e influente dos séculos.

Nunca mais se encontraram. Não porque a divergência entre eles tenha continuado, pois logo o calor da paixão arrefeceu e o velho amor tornou. Paulo faz menção honrosa a Barnabé em seus escritos e, na derradeira de suas epístolas, manda chamar Marcos para vir até ele em Roma, expressamente acrescentando que ele é útil no ministério — a mesmíssima coisa sobre o que não lhe dera crédito em outra ocasião. Mas fato é que, naquela ocasião, a divergência os separou, então combinaram dividir entre si a região que tinham evangelizado juntos. Barnabé e Marcos foram para Chipre, e Paulo tomou para si a atribuição de visitar as igrejas do continente.

Tomando Silas, como companheiro, em lugar de Barnabé, não demorou muito para encontrarem, no decorrer da viagem, aquele que veio preencher o lugar de Marcos: Timóteo. Ele havia se convertido em Listra, durante a Primeira Viagem. Jovem e amável, ele perseverou como um fiel companheiro e constante conforto para o apóstolo até o fim da sua vida.

Prosseguindo no propósito inicial, Paulo começou esta viagem tornando a visitar as igrejas em cuja fundação tivera parte. Começando por Antioquia e prosseguindo rumo ao nordeste, ele visitou a Síria, a Cilícia e outras partes, até que chegou ao centro da Ásia Menor, onde se completou o primeiro objetivo da jornada. Mas quando um homem se encontra na senda do dever, toda a sorte de oportunidades se abre diante dele. Ao passar pelas províncias que havia visitado antes, novos desejos de ir ainda mais longe começaram a queimar em seu espírito, e Deus abria, para ele, o caminho.

Ainda avançou na mesma direção através da Frígia e da Galácia. Bitínia, extensa província ao longo das costas do mar Negro, e Ásia, nome particularmente dado a uma província de população densa, pareciam convidá-lo, e ele tinha total intenção de aceitar o convite, mas o Espírito que lhes guiava os passos, indicou, de alguma forma que não sabemos, que estas províncias estavam fechadas para ele naquele momento; então rompendo na direção que o divino Guia lhe permitia, chegou a Trôade, cidade na costa noroeste da Ásia Menor.

Assim, ele viajou do sudeste de Antioquia a Trôade, a nordeste da Ásia Menor, evangelizando por todo o caminho. Meses se passaram, talvez anos... Entretanto, não sabemos os pormenores deste longo e laborioso período, a não ser alguns aspectos das suas relações com os gálatas, como entende da epístola que escreveu àquela igreja. Certo é que, embora sejam empolgantes, as notícias da carreira de Paulo, descritas no livro de Atos, são pobres e imperfeitas, e a sua vida foi muito mais cheia de aventuras, trabalhos e sofrimentos por amor de Cristo, do que a própria narrativa de Lucas nos levaria a supor. O escopo dos Atos apenas descreve o que houve de mais original e característico em cada viagem, ao passo que deixa claro, por exemplo, todas as visitas repetidas que fez às mesmas localidades. Há, pois, grandes vácuos na história, tão cheios de real interesse como as porções da sua vida de que possuímos extensa descrição. Prova cabal é o que está registrado na epístola de 2Coríntios, escrita durante o período dos Atos dos Apóstolos. Mencionando, em forma de argumento, algumas das suas mais notáveis aventuras, ele pergunta:

> São eles ministros de Cristo? [...] Eu ainda mais: em trabalhos muito mais; muito mais em prisões; em açoites, sem medida; em perigos de mortes, muitas vezes. Cinco vezes recebi dos judeus uma quarentena de açoites menos um; fui três vezes fustigado com varas; uma vez, apedrejado; em naufrágio, três vezes; uma noite e um dia passei na voragem do mar; em jornadas, muitas vezes; em perigos de rios, em perigos de salteadores, em perigos entre patrícios, em perigos entre os gentios, em perigos na cidade, em perigos no deserto, em perigos no mar, em perigos entre falsos irmãos; em trabalhos e fadigas, em vigílias, muitas vezes; em fome e sede, em jejuns, muitas vezes; em frio e nudez (11.23-27).

Dos itens deste extraordinário catálogo, o livro dos Atos menciona muito poucos: das cinco vezes que foi açoitado pelos judeus, só uma é mencionada; das três vezes que foi vergastado[6] pelos romanos, uma só é relatada; se recorda o apedrejamento, passam em silêncio os três naufrágios, porque aquele, detalhadamente mencionado no livro de Atos, só ocorreu mais tarde. Lucas não planejava apresentar em detalhes a figura do seu heroi; sua narrativa, suscinta e modesta, fica ainda muito aquém da realidade, e ao passarmos pelas poucas e simples palavras com as quais ele condensa uma história que durou meses, ou anos, nossa imaginação se apressa em preen-

---

6 Golpeado com vergasta, um tipo de vara fina usada para açoitar ((Nota do Editor).

cher o esboço com trabalhos e sofrimentos, pelo menos iguais àqueles que temos na memória.

À primeira vista, pode parecer que Paulo chegou a Trôade sob influência do Espírito que o dirigia, sem conhecer a direção em que devia dar o primeiro passo. Mas ele poderia ter dúvidas sobre a divina intenção quando contemplava, além, as praias da Europa? Achava-se agora dentro daquele sítio mágico que, durante séculos, tinha sido o abrigo da civilização, e não era possível que lhe fossem totalmente estranhas aquelas histórias de guerras e empreendimentos arriscados, aquelas lendas de amor e coragem que, para sempre, conferiram destaque àquele pedaço do mundo.

Há apenas quatro milhas de distância, via-se a planície de Troia, onde a Europa e a Ásia se encontraram na luta celebrada na epopeia imortal de Homero. Não longe dali, Xerxes, assentado sobre um trono de mármore, passava em revista os três milhões de asiáticos com que pretendia trazer a Europa decaptada a seus pés. Ali, do outro lado daquele pequeno estreito, estavam a Grécia e Roma, os centros de onde irradiaram as luzes, o comércio e as armas que dominaram o mundo. Seria possível que um coração, como o de Paulo, tão ambicioso de trazer glórias para Cristo, não se deixasse inflamar pelo desejo de se lançar sobre esses baluartes, ou poderia ainda ter dúvidas de que o próprio Espírito o conduzia a tal empreendimento? Bem sabia que a Grécia, com todo o seu saber, carecia daquele conhecimento que torna o homem sábio para a salvação, e que os romanos, apesar de conquistadores deste mundo, não conheciam o meio de adquirir uma herança na eternidade, e que ele, Paulo, era o portador do segredo de que uns e outros necessitavam.

Pode bem ser que tais pensamentos, agindo quase insconscientemente em seu espírito, projetaram-se na visão que ele teve em Trôade ou teria sido a visão que lhe despertou primeiro a ideia de atravessar em direção à Europa? Enquanto dormia, ao murmúrio das vagas do mar Egeu, viu, na costa fronteiriça que estivera admirando antes de deitar-se, um homem de pé, acenando e clamando: "Passa à Macedonia e ajuda-nos" (Atos 16.9). Aquela figura representava a Europa, com seu grito de socorro e a necessidade em que se achava do auxílio de Cristo. Paulo reconheceu nisso um chamado divino e, no dia seguinte, já era possível vê-lo, de perfil, sentado no convés de um navio que navegava rumo às praias da Macedônia.

Nesta travessia da Ásia para a Europa, efetiva-se uma grande decisão providencial na qual nós, como filhos do Ocidente, não podemos pensar sem a mais profunda gratidão. O cristianismo teve sua origem na Ásia, entre os povos orientais; assim, era de esperar que primeiro se difundisse entre aquelas raças. Em vez de vir para o Ocidente, podia ter ido para o Oriente; podia ter entrado na Arábia e tomado posse daquelas regiões onde hoje prevalece a fé do falso profeta; podia ter visitado as tribos errantes da Ásia Central, rasgando caminho através das gargantas dos Himalaias[7], erigindo seus templos às margens do Ganges[8] e do Godavari[9]; podia ter avançado ainda mais a leste, para os milhões da China, a fim de libertá-los do frio secularismo de Confúcio[10]. Se assim tivesse sido, hoje, talvez, estivéssemos recebendo missionários da Índia e do Japão para anunciar na Inglaterra e na América a história do Calvário, mas Deus conferiu à Europa uma feliz prioridade, e o destino desses continentes foi decidido quando Paulo transpunha o mar Egeu.

Sendo a Grécia mais vizinha das costas da Ásia do que Roma, sua conquista para Cristo constituiu o grande empreendimento da Segunda Viagem Missionária. Como o resto do mundo, estava sob o domínio romano, que fez dele duas províncias, a Macedônia, ao norte, e a Acaia, ao sul, a Macedônia foi, portanto, o primeiro cenário da missão grega de Paulo. Uma grande estrada romana cortava-a de leste a oeste. Foi ao longo desta estrada que o missionário caminhou, e os lugares que ali lembram os seus trabalhos são Filipos, Tessalônica e Bereia.

Os gregos desta província do norte eram muito menos cor-

7 A mais alta cadeia montanhosa do mundo, localizada entre a planície indo-gangética, ao sul, e o planalto tibetano, ao norte. A cordilheira abrange cinco países: Paquistão, Índia, China (região do Tibete), Nepal e Butão; nela se situa a montanha mais alta do planeta.
8 Ou Rio Benares. Dos rios indianos é o mais importante, além de possuir caráter religioso e místico para a população local que pratica o hinduísmo (Nota do Editor).
9 Outro importante rio da Índia, considerado sagrado para os hinduístas (Nota do Editor).
10 O mais famoso filósofo e pensador político chinês que viveu entre 552 e 479 a.C (Nota do Editor).

ruptos que os da mais polida sociedade do sul. Perdurava ainda na população da Macedônia algo do vigor e da coragem que há quatro séculos havia feito dos seus soldados os conquistadores do mundo. As igrejas que Paulo fundou ali deram-lhe mais motivo de conforto do que quaisquer das outras que estabeleceu em diferentes localidades. Dentre suas epístolas, nenhuma alcança tanto a nota de bom ânimo e cordialidade como as que escreveu aos tessalonicenses e aos filipenses e como as escreveu em época avançada na vida

A perseverança dos macedônios em aderir ao evangelho devia ter sido tão notável quanto foi bom o acolhimento que deram a Paulo desde o início. Em Bereia, ele encontrou uma sinagoga judaica generosa e liberal, coisa raríssima em sua experiência.

Um dos destaques do trabalho da Macedônia era a parte que as mulheres tiveram nele. Em meio à decadência das religiões por todo o mundo, nesta época, havia em toda a parte muitas mulheres que buscavam a satisfação do instinto religioso na fé pura da sinagoga. Na Macedônia, devido, talvez, à atmosfera moral mais límpida, encontravam-se mais prosélitos entre as mulheres que em outras partes, e elas afluíam para a igreja cristã em grande número. Isso era algo bom, uma profecia da feliz mudança que o cristianismo produziria no futuro das mulheres dos povos ocidentais. Se o homem deve muito a Cristo, muito mais o deve a mulher, porque Cristo a libertou da degradação de ser escrava do homem e seu mero passatempo para torná-la sua companheira e amiga, sua igual diante de Deus. A presença feminina conferiu novo brilho de glória à religião cristã, pela dignidade e delicadeza, que ostenta quando encorporada no caráter feminino.

Estas coisas foram ilustradas, ao vivo, nos passos primitivos do cristianismo na Europa. A primeira pessoa convertida na região foi uma mulher, Lídia, que teve o coração aberto para receber a verdade, por ocasião do primeiro culto cristão celebrado em território europeu; e a transformação que aconteceu em sua vida prefigurava o que devia tornar-se a mulher na Europa sob a influência do cristianismo. Ainda em Filipos, via-se também uma imagem igualmente representativa da condição da mulher em terras europeias, antes da chegada do evangelho ali: era uma pobre moça, possessa de um espírito de adivinhação, escravizada e explorada por homens que acumulavam lucros do seu infortúnio, a quem Paulo restaurou à sanidade. A miséria e o aviltamento desta moça eram o símbolo do rebaixamento feminino, assim como o caráter cristão, meigo e benevolente de Lídia o eram da sua transformação e exaltacão.

Outra feição que punha em destaque as igrejas da Macedônia era o seu espírito de liberalidade. Insistiam em suprir as necessidades temporais dos missionários e, mesmo depois que Paulo os deixara, enviaram ofertas para socorrê-lo nas necessidades que teve em outros lugares. E muito mais tarde, quando estava preso em Roma, eles delegaram a Epafrodito, um dos seus instrutores, a tarefa de levar donativos e ali servir de assistente. Paulo aceitou a generosidade destes corações leais, ainda que em outros lugares e ocasiões preferisse trabalhar com as próprias mãos, fazendo tendas e privando-se de descanso, antes de aceitar semelhantes favores. Esta disposição e este desprendimento em dar não eram fruto de abundância de posses e recursos. Pelo contrário, eles deram da sua extrema pobreza. Eles eram pobres no início da carreira cristã, e mais pobres ainda se tornaram em decorrência das perseguições que sofreram e que se tornaram muito severas depois que Paulo os deixou, e duraram longo tempo; e o apóstolo também foi vítima delas.

Apesar do seu grande êxito na Macedônia, Paulo acabou sendo banido pelos judeus de cada cidade, como a escória do mundo. Ora incitavam a multidão contra ele ora acusavam-no perante as autoridades romanas como introdutor de uma nova religião ou perturbador da ordem, ou ainda como partidário de um rei que seria rival de César. Eles mesmos não entravam no céu nem permitiam que outros entrassem.

No entanto, Deus protegeu seu servo. Em Filipos, livrou-o da prisão por um milagre físico e por outro milagre ainda mais estupendo sobre o duro carcereiro; e em outras cidades salvou-o por meios mais naturais. A despeito da forte oposição, fundaram--se igrejas de cidade em cidade, de onde as boas-novas se espalhavam por toda a província da Macedônia.

Deixando a Macedônia, e indo em direção ao sul, Paulo chegou à Grécia propriamente dita. Os memoriais da grandeza do país estavam espalhados por toda a parte, e se revelavam à medida que avançava na jornada. Ao deixar a Bereia, podia ver, olhando para trás, os pícos nevados do Olimpo, onde supunham habitar as divindades gregas. Lançando-se ao mar, passava dentro em pouco pelas cercanias das Termópilas[11], onde os trezentos imortais resistiram às miríades de bárbaros; e, ao aproximar-se do fim da viagem, via à frente a ilha de Salamina[12], onde a existência da Grécia foi salva do extermínio por seus filhos valorosos.

Com destino a Atenas, a capital do país, ao entrar na cidade, não podia ser insensível às memórias que se apegavam às ruas e monumentos. Ali o espírito humano brilhara com esplendor jamais igualado em outras partes. Na idade áurea da sua história, Atenas possuía homens de talento admirável e em maior número do que todos os que têm florescido em qualquer outra cidade, no decurso da sua história, cujos nomes são ainda hoje rodeados de glória.

Nos dias de Paulo, porém, a glória de Atenas era apenas algo do passado. Quatrocentos anos passaram desde a sua idade de ouro, e caíra em doloroso desgaste no decorrer destes séculos. A filosofia estava reduzida a sofisma; a arte, ao amadorismo; a oratória, em retórica; e a poesia, na arte de fazer versos. Vivia do passado, mas ainda desfrutava boa reputação e restava-lhe considerável cultura e saber. Contava com a presença de grande número de filósofos de várias escolas, mestres e professores dos mais variados conhecimentos; milhares de estrangeiros de classes abastadas, vindos de todas as partes do mundo, viviam ali com o objetivo de estudar ou de gratificar suas inclinações intelectuais. Representava ainda, para o visitante inteligente, um dos grandes fatores no cenário mundial.

Com a assombrosa versatilidade que lhe possibilitava ser tudo para todos, Paulo adaptou-se também a este meio. Em praça pública, o espaço dos homens educados, ele estabeleceia conversa com estudantes e filósofos, como fizera Sócrates quinhentos anos antes. Mas deparou-se com menos apetite pela verdade do que en-

---

11 Localizado na Grécia Central, trata-se de um desfiladeiro onde ocorreu a batalha entre espartanos e persas, provocada pelo desejo de Xerxes de tomar e governar o povo espartano (Nota do Editor).
12 Ilha grega localizada ao sul de Pireu, um antigo porto de Atenas (Nota do Editor).

contrara o mais sábio dos gregos. Em vez do amor pela verdade, o que agora marcava os habitantes era apenas uma insaciável curiosidade intelectual. E, por isso, mostravam-se tolerantes com os portadores de quaisquer novas doutrinas; e, enquanto Paulo desenvolvia a parte meramente especulativa da sua mensagem, eles o ouviam com prazer. O interesse que mostravam foi crescendo a tal ponto que um grupo deles o conduziu à colina de Marte, ao centro dos esplendores da cidade, e pediram-lhe que expusesse minuciosamente a fé que anunciava. Cedendo a esses desejos, e em majesto discurso, o pregador superou as expectativas de seus ouvintes, detalhando-lhes de forma eloquente conceitos sublimes da unidade em Deus e da unidade da raça humana, que constituem a base do cristianismo. Porém, quando deixou as preliminares e passou a tocar as consciências do auditório, falando-lhes a respeito da sua salvação pessoal, eles se retiraram em massa e o abandonaram no meio do discurso.

Deixou Atenas para nunca mais retornar. De certa forma, sentiu que havia fracassado. Acostumara-se a sofrer, com alegria, as mais violentas perseguições; mas para uma fé ardente há algo muito pior que a perseguição, e foi precisamente o que aconteceu ali: é quando a mensagem não encontra interesse nem oposição. Os atenienses sequer pensaram em persegui-lo; eles simplesmente ignoraram o que lhes dizia, no conceito deles, aquele impostor; e esta indiferença e desdém feriram-no mais profundamente que as pedradas da população ou as agressões do oficial romano. Jamais o apóstolo sentira-se tão abatido de espírito. Deixando Atenas, dirigiu-se para Corinto, outra grande cidade da Acaia; e ele mesmo é que nos informa que chegou ali em fraqueza, em temor, e em grande tremor.

Certamente havia muito do espírito de Atenas em Corinto, para que tais sentimentos aflorassem, inquietando o coração de Paulo. Corinto era a capital mercantil da Grécia, assim como Atenas era a intelectual, mas os coríntios eram também questionadores capciosos e cheios de orgulho intelectual. Paulo receava ser recebido ali da mesma forma como fora em Atenas. Seria possível que, para estes povos, o evangelho não continha mensagem alguma? Esta era a questão cruciante que o fazia estremecer. O evangelho parecia incapaz de afetá-los de alguma forma. Pareciam não ter necessidade alguma que pudesse ser satisfeita pela religião de Jesus Cristo. Havia ainda outros fatores de desânimo em Corinto. A cidade era a Paris da época, uma cidade rica e luxuriosa, inteiramente entregue à dissolução. Exibia seus vícios de formas tais que produziam desespero no espírito judaico puro de Paulo. Os homens poderiam ser libertados das garras de vícios tão abomináveis? Além do mais, a oposição dos judeus levantava-se ali com descomunal capacidade de propagação. Forçado a abandonar, finalmente, a sinagoga, o fez com expressões do mais vivo sentimento. Seria o soldado de Cristo obrigado a abandonar o campo e forçado a conceber que o evangelho não se adaptava à culta Grécia? Era o que parecia.

Sobreveio, porém, uma mudança. No momento crítico, Paulo recebe uma daquelas visões que lhe ocorreram nos tempos em que enfrentava as crises mais difíceis e decisivas de sua história. Durante a noite, o Senhor lhe apareceu, dizendo: "Não temas; pelo contrário, fala e não te cales... porquanto eu estou contigo, e ninguém ousará fazer-te mal, pois tenho muito povo nesta cidade" (Atos 18.9,10). Com novo ânimo, o apóstolo vê as causas de seu desânimo começaram a se dissipar. A oposição dos judeus foi quebrada, quando eles o arrastaram com a multidão à presença de Gálio, o governador romano, e foram despedidos com afronta e desdém. O próprio presidente da sinagoga converteu-se, e as conversões multiplicaram-se entre os naturais de Corinto. Paulo teve o conforto de viver na casa de Aquila e Priscila, dois amigos leais, seus compatriotas, que exerciam a mesma profissão. Permaneceu na cidade durante um ano e meio e fundou uma das mais interessantes de suas igrejas, plantando assim o estandarte da cruz também na Acaia e demonstrando que o evangelho é o poder de Deus para a salvação (Romanos 1.16), mesmo nos centros da sabedoria do mundo.

Ao retornar de sua Segunda Viagem Missionária, o relatório que Paulo deu aos irmãos em Jerusalém e Antioquia deve ter sido sensacional; mas o apóstolo não era homem de descançar à sombra dos louros já colhidos, e, por isso, dentro em breve empreenderia a nova viagem.

A TERCEIRA VIAGEM

Era de presumir que, implantando o evangelho na Grécia, por ocasião de sua Segunda Viagem, Paulo passasse a focar em
Roma. Consultando-se, porém, o mapa, é possível verificar que no
centro, entre as regiões da Ásia Menor, que ele evangelizou durante
a Primeira Viagem, e as províncias da Grécia, em que fundou igrejas
na Segunda, havia um território não alcançado, onde estava a popu-
losa província da Ásia, a oeste da Ásia Menor. Essa foi a região para
a qual se dirigiu na Terceira Viagem. Demorando-se nada menos
que três anos em Éfeso, a capital, preencheu efetivamente a lacuna e
vinculou entre si as conquistas das primeiras campanhas. No início,
essa viagem, certamente, incluiu uma visita a todas as igrejas fundadas, primeiro na Ásia Menor, e, no final, uma visita de passagem às
igrejas da Grécia; porém, o autor de Atos, fiel ao plano de mencionar
apenas o que havia de novo em cada lugar, fornece-nos informações
detalhadas somente do que se passou em Éfeso.

À época, a cidade era a Liverpool[13] do Mediterrâneo. Possuía um esplêndido ancoradouro em que se concentrava o comércio
deste mar, que era então a grande estrada das nações; e à semelhança
de Liverpool, que tem atrás de si as grandes cidades do Lancashi-
re, assim tinha Éfeso, atrás e ao redor de si, cidades tais como as
que com ela são mencionadas no Apocalipse, nas cartas às igrejas de
Esmirna, Pérgamo, Tiatira, Sardes, Filadélfia e Laodiceia. Era uma
cidade riquíssima e entregue a todo tipo de prazeres, sendo mundial
a fama do seu teatro e hipódromo.

Éfeso era ainda mais famosa como cidade sagrada, pois era
a sede do culto à deusa Diana, cujo templo era dos mais celebrados
santuários do Mundo Antigo. Sobremodo luxuoso, sustentava grande número de sacerdotes. Em certas épocas do ano, afluíam para

---

13 Uma das cidades mais populares para intercâmbio e estudos na Inglaterra. É a
terra dos famosos garotos que integravam um dos grupos musicais mais famosos
do mundo, os Beatles. A cidade é um grande pólo cultural, educacional e esportivo.
(Nota do Editor).

ali incontáveis peregrinos das regiões adjacentes, e os habitantes da cidade floresciam por celebrar, de várias maneiras, esta superstição. Os ourives traficavam pequeninas imagens, em prata, da deusa que diziam haver caído do céu. Cópias dos caracteres deste velho sacrário eram vendidas como amuletos. A cidade enchia-se de feiticeiros, adivinhos, intérpretes de sonhos e outros da mesma laia, que exploravam marinheiros, mercadores e peregrinos que frequentavam o porto. A obra de Paulo teve, pois, de assumir posicionamento contra a superstição. Ele realizou milagres tão estupendos, em nome de Jesus, que alguns impostores judeus tentaram também expelir demônios no mesmo nome, mas a tentativa resultou-lhes apenas no mais vergonhoso fiasco. Mestres de artes mágicas converteram-se à fé cristã e lançaram às chamas seus livros de magia. Os traficantes de objetos religiosos viam fugir-lhe das mãos o rentoso negócio. A situação chegou a tal ponto que, numa das festas dedicadas à deusa, os ourives especialmente lesados no tráfico das minúsculas imagens, promoveram um levante popular contra Paulo, no teatro, e foram bem-sucedidos, o que obrigou o apóstolo a abandonar a cidade. Contudo, ele não partiu antes de estabelecer solidamente o cristianismo em Éfeso e que o farol do evangelho refletisse sua luz, derramando cintilações brilhantes na costa da Ásia Menor, semelhantemente ao que ocorria nas praias da.Grécia, do outro lado do mar Egeu.

As igrejas em torno de Éfeso, às quais se dirigiu João, anos mais tarde, no seu Apocalipse, são monumento dos triunfos paulinos, porque elas eram provavelmente frutos indiretos dos trabalhos do apóstolo. Há, porém, um monumento ainda mais assombroso: a epístola aos efésios. Este, talvez, seja o livro mais profundo que existe, mas o autor esperava que os efésios o entendessem. Se as falas de Demóstenes[14], com sua argumentação cerrada e coesa, entre cujas articulações não passa um fio de navalha, é um atestado da grandeza intelectual da Grécia que as ouvia com prazer e se os dramas de

---

14 Brilhante orador ateniense, considerado o maior da Antiguidade. Viveu entre 384 e 322 a.C. (Nota do Editor).

Shakespeare, com os seus profundos conceitos da vida, em linguagem complexa e obscura, são um testemunho do vigor mental de sua época, então a epístola aos Efésios, que atinge as notas mais profundas da doutrina evangélica e que remonta aos níveis mais elevados da experiência cristã, é também um testemunho da proficiência que os convertidos de Paulo, na capital da Ásia, haviam alcançado.

CAPÍTULO 07
OS ESCRITOS DE PAULO E SEU CARÁTER

LOGOS PUBLISHER
CASA PUBLICADORA

Seus escritos — O principal período literário — A forma dos escritos — O estilo dos escritos — A inspiração de Paulo — Seu caráter — Combinando o natural com o espiritual — As características de Paulo — Aparência física — Espírito empreendedor — Influência sobre outros — Sua abnegação — Crente na sua missão — Devoção pessoal a Cristo.

Já foi mencionado que a Terceira Viagem Missionária terminou com uma visita, de passagem, às igrejas da Grécia. Essa viagem durou vários meses, mas recebeu pouco destaque no livro de Atos, onde é descrita em apenas dois ou três versículos. Apesar disso, sabemos por outras fontes que, na vida de Paulo, quase não houve outro período de maior importância, pois foi durante este meio ano que ele escreveu a maior de todas as suas epístolas — Romanos — e outras duas não menos importantes —Gálatas e 2Coríntios.

Assim, entramos na fase da vida de Paulo mais marcada por trabalhos literários. Por mais irresistível que seja a impressão produzida por este homem extraordinário, à medida que o temos acompanhado de província em província, de um a outro Continente, por terras e mares, focado no objetivo a que se devotara, esta impressão sobe de nível consideravelmente, se nos lembrarmos de que ele era, ao mesmo tempo, o maior pensador daquele século e, talvez, de qualquer outro, e que, no meio dos trabalhos externos, estava produzindo escritos que têm sido contados, desde então, entre as maiores forças intelectuais do mundo, cuja influência continua crescendo e se propagando. Sobrepuja, neste sentido, a todos os evangelistas e missionários.

Em certos sentidos, alguns deles se aproximam: Livingstone[15], no instinto de conquistador do mundo; São Bernardo[16] ou Whitefield[17], em zelo e atividade. Porém poucos destes homens acrescentaram uma única ideia nova ao patrimônio universal de crenças, ao passo que Paulo, rivalizando nos pontos em que eram especialistas, legou à humanidade um novo mundo de pensamentos. Se suas epístolas desaparecessem, a perda para a literatura seria a maior possível, salvo apenas uma exceção: a dos evangelhos, que recordam a vida, as palavras e a morte de nosso Senhor. As epístolas paulinas têm vivificado o espírito da igreja como nenhum outro escrito jamais o fez, e têm espalhado, no solo do mundo, centenas de sementes, cujos frutos são hoje posse de toda a humanidade. Nelas, a igreja tem se deparado com o lema de progresso em todas as reformas pelas quais tem passado. Quando Lutero despertou a Europa da letargia de séculos, foi numa expressão de Paulo que trovejou potente o verbo reformador. E quando, há cem anos, a Escócia foi levantada de uma quase morte espiritual, o foi ainda pela voz de homens que haviam descoberto de novo, por si mesmos, a verdade nas páginas cujo conteúdo é de Paulo.

Entretanto mal sabia Paulo, ao escrever as suas epístolas, o papel que desempenhariam no futuro, já que foram escritas simplesmente para atender às necessidades do trabalho naquele momento. Essas cartas, na verdadeira acepção do termo, visavam a situações especiais; não eram escritos formais, cuidadosamente formulados e elaborados, tendo em vista tornar-se cérebre ou perdurar por longos períodos. As verdadeiras cartas são, sobretudo, o fruto do coração; e foi o ardente coração de Paulo, solícito em extremo pelo bem-estar de seus filhos espirituais, ou alarmado pelos perigos a que se achavam expostos, que ditou todos os seus escritos. Essas cartas faziam parte do seu trabalho de cada dia; assim como ele transitava por terra e através de mares para revisitar os seus convertidos ou então

---

15 Miissionário, médico e explorador escocês que introduziu o cristianismo moderno na África. (Nota do Editor).
16 Influente abade da Igreja Católica na Idade Média. Pregador, escritor, fundador de mosteiro, polemista político e tenaz pacificador nascido em 1090 (Nota do Editor).
17 Um dos maiores pregadores de todos os tempos, um dos ministros cristãos mais dinâmicos e conhecidos do século 18 e um dos evangelistas mais poderosos nas mãos de Deus (Nota do Editor).

enviava Timóteo ou Tito para levar-lhes conselhos e trazer notícias de como estavam passando, também, quando os meios eram inviáveis, ele enviava uma carta com o mesmo objetivo. Estas circunstâncias podem parecer, à primeira vista, um desabono dos seus escritos. Seríamos inclinados a desejar que ele, em vez de ter o curso dos seus pensamentos determinado pela exigência de tantas ocasiões especiais e a atenção distraída por tantas minúcias, pudesse concentrar a força do seu espírito em algo que expusesse, de forma sistemática, os seus conceitos a respeito de assuntos importantes que lhe occupavam os pensamentos. Não se pode afirmar que as epístolas paulinas sejam modelos quanto ao estilo. Escrevendo com demasiada urgência, o que menos causava preocupação ao coração de Paulo era a revisão de seus textos. Certo é que, muitas vezes, suas ideias, em virtude simplesmente da sua delicadeza e formosura, assumem formas extraordinárias de linguagem ou contenham um influxo de emoções tais, que se formulam espontaneamente em sentenças da mais nobre eloquência. Além disso, porém, sua linguagem é áspera, irregular; para se expressar, usava, em suas cartas, a primeira forma apresentada por seus pensamentos para dizer o que precisava comunicar. Ele principia sentenças e não as conclui, entra em digressões e se esquece de retomar o fio do pensamento, arroja as sentenças em massa em vez de fundi-las em mútua coerência...

É possível que, em nenhum lugar se encontre paralelo tão exato aos escritos de Paulo, como nas cartas e nos discursos de Oliver Cromwell[18]. No cérebro do Lorde Protetor estavam os melhores e mais acertados conceitos sobre a Inglaterra e seus complicados negócios de então; mas quando procurava exprimi-los em discursos ou carta, jorrava-lhe da mente o mais extraordinário misto de exclamações, de interpelações, argumentos que logo se perdiam em um dilúvio de palavras, longos parêntesis e, ao mesmo tempo, trechos tão comoventes e do mais alto nível de empolgante eloquência. Assim, ao lermos tais expressões, sentimo-nos, pouco a pouco,

---

18 Militar, ditador inglês e líder da Revolução Puritana que ocorreu na Inglaterra e substituiu a Monarquia por uma República. Governou como ditador com o título de Lorde Protetor do Estado Unificado (Inglaterra, Escócia e Irlanda) Nota do Editor.

conectados ao coração e espírito da era puritana, e concluímos que vale mais estar ao lado deste homem, do que de qualquer outro representante daquele mesmo período.

Certa ausência de forma é, talvez, o natural concomitantemente a toda a originalidade superior. A expressão perfeita e a disposição coordenada das ideias é resultado de um processo posterior; mas quando grandes pensamentos surgem pela primeira vez, aparecem envolvidos de certa rudeza inicial, como se a terra, de onde brota, continuasse ainda a aderir a eles. Para que o ouro seja polido, deve, primeiro, ser arrancado das entranhas da natureza. Em seus escritos, Paulo está batendo o veio original da verdade. A ele devemos centenas de ideias nunca antes pronunciadas.

Depois que um homem original descobre uma verdade, é fácil ao mais comum dos escribas expressá-la aos outros com maior clareza, ainda que tenha sido incapaz de encontrá-la. É assim que se encontram nos escritos de Paulo, materiais que outros podem combinar em sistemas teológicos ou morais; e é dever da igreja assim fazê-lo. Porém, as suas epístolas nos permitem ver a revelação no seu mesmo processo inicial. Lendo-as atentamente, podemos presenciar a criação de um mundo de verdade, assim como se maravilharam os anjos ao verem o firmamento envolver-se do caos e a vastidão da terra a desabrochar-se na luz. Nos minúsculos detalhes, que exigem atenção, é possível ver desdobrar-se, em cada um deles, toda a sua vasta concepção da verdade, assim como o céu todo se reflete em uma simples gota de orvalho. Que prova mais convincente de quão fértil era a mente paulina, que o fato de ele haver escrito, no período de meio ano, em meio a inúmeras distrações de sua segunda visita aos convertidos gregos, três livros como Romanos, Gálatas e 2Coríntios?

Foi Deus, pelo seu Espírito, que comunicou a Paulo esta revelação da verdade, da qual a própria grandeza e transcendência são o melhor atestado da sua origem divina. Isso, porém, não atenuou, no espírito de Paulo, as delícias e as dores do pensamento original; a verdade passou-lhe pela experiência; impregnou-lhe, colorindo, todas as fibras da mente e do coração; e a expressão que encontrou em seus escritos foi de acordo com as peculiaridades do seu gênio e particularidades. Quanto aos escritos paulinos, seria fácil sugerir compensações pelas qualidades literárias de que carecem. Porém, há uma que, de tal modo, ultrapassa a todas as demais, que é suficiente para justificar, neste caso, os caminhos de Deus. Em nenhuma outra forma literária poderíamos conseguir, de um modo tão completo, o reflexo do homem nos seus escritos. As cartas são a mais pessoal das formas literárias. Pode um homem escrever um tratado ou uma história e ocultar sua própria personalidade; as cartas, porém, perdem o valor, a menos que o escritor se revele nelas.

A personalidade de Paulo transparece constantemente em seus escritos. Quase é possível sentir as palpitações do seu coração em cada capítulo que escreveu. Delineou seus próprios traços pessoais, não só quanto ao homem exterior, mas no que diz respeito aos seus mais íntimos sentimentos, como nenhum outro poderia jamais fazê-lo.

Lucas não é admirável pelos quadros traçados e que nos apresenta o verdadeiro perfil de Paulo, no livro de Atos; mas Paulo, sim. As verdades, que ele nos desvenda, encontram-se todas incorporadas em sua própria pessoa. Como alguns pregadores, que são maiores do que os seus sermões, e o proveito principal dos seus ouvintes, ao ouvi-los ministrar, são os lampejos que preveem uma personalidade grande e santificada assim também, a melhor coisa nos escritos paulinos é o próprio Paulo, ou antes, a graça de Deus nele.

Paulo era alguém cujo caráter apresentava uma admirável combinação do natural com o espiritual. Recebera da natureza uma individualidade fortemente marcada, mas não menos visível era a mudança que o cristianismo operara nele. Não é possível estabelecer-se, no caráter dos que se salvam, uma distinção exata entre o que provém da natureza e o que é fruto da graça, porque a natureza e a graça suavemente se confundem na vida dos remidos. A união desses dois elementos, no caso de Paulo, era singularmente completa; entretanto eram sempre patentes nele estes dois elementos de origens diversas, e é essa sem, dúvida, a chave para uma justa apreciação do seu caráter.

Para iniciar pelo que é mais simples e natural, o seu físi-

co foi uma das importantes condições da sua carreira. Assim como
uma deficiência auditiva pode dificultar quase totalmente uma carreira musical, salvo raríssimas exceções, como foi o caso de Ludwig
von Beethoven, ou a cegueira barrar o progresso de um pintor, assim
a vida missionária torna-se extremamente difícil sem uma sólida
base física. Quem lê a lista de sofrimentos a que Paulo foi submetido
e observa a elasticidade com que se recobrava dos mais violentos
deles, há de sugerir que sua aparência devia ser a de um homem de
moldes hercúleos. Porém, ao contrário, parece que era de pequena
estatura e de fraca presença corporal. E esta fraqueza corporal se tornava por vezes ainda maior por uma enfermidade que o desfigurava;
e ele sentia ao vivo o desapontamento que a sua presença corporal
causava entre os estranhos. Porque todo o pregador, que tem amor à
obra, deseja pregar o evangelho com todas as graças que conciliam o
favor dos ouvintes para com o orador. Deus, porém, usou a própria
fraqueza do seu servo, além do que se esperava, para atrair a ternura dos seus convertidos; e assim, quando ele estava fraco, então era
forte (2Coríntios 12.10), e podia gloriar-se nas suas mesmas enfermidades.

Há uma teoria, que foi muito popular, de que a enfermidade de Paulo — seu espinho na carne (2Coríntios 12.7) — era um
tipo violento de oftalmia, que lhe causava uma desconfortante ver-
melhidão nos olhos. Mas não há fundamento suficiente para isso.
Ao contrário, parece que ele possuía o poder de fascinar e subjugar o
inimigo com o seu olhar penetrante, como no incidente com Elimas,
o exorcista, que nos faz lembrar a tradição que diz que os olhos de
Lutero brilhavam, às vezes, e faiscavam com tal intensidade, que mal
podiam fitá-los.

A ideia de alguns biógrafos de Paulo, ao afirmarem que ele
tinha uma constituição corporal excessivamente frágil e era croni-
camente perseguido por dilacerante enfermidade nervosa, não tem
qualquer fundamento. Ninguém poderia ter suportado tudo o que
ele suportou, ou ter sofrido apedrejamentos, açoites e outras torturas, sem uma constituição física excepcionalmente rígida e sadia.
Verdade é que, às vezes, ele estava abatido por enfermidades e alque-
brado pelos atos de violência a que se achava exposto, mas a rapidez

do seu restabelecimento em tais ocasiões prova que nele havia uma generosa reserva de vitalidade corporal. E quem pode duvidar de que, quando se lhe enternecia o semblante em sincero amor, rogando aos homens que se reconciliassem com Deus (2Coríntios 5.20b), ou quando o entusiasmo queimava-lhe o coração, ao proferir a mensagem do evangelho, seu rosto assumia uma nobre beleza muito superior à mera regularidade das feições.

Observa-se em seu caráter, em grande proporção, um elemento de ordem puramente natural, mas do qual muito dependia: seu espírito empreendedor. Há homens que gostam de crescer onde nasceram, para os quais mudar para novas circunstâncias e estabelecer relações com gente estranha são quase impossíveis de suportar. Porém, há outros que têm no sangue uma espécie de agitação que não lhes permite se acomodar a um só lugar: são os homens talhados pela natureza para serem imigrantes, pioneiros e, quando assumem a obra do ministério, são os melhores missionários.

Nos tempos modernos, nenhum missionário há cujo espírito possa ser comparado ao espírito de aventura e consagração do grande escocês, David Livingstone. Quando, pela primeira vez, foi ao Continente africano, encontrou ali os missionários agrupados ao sul, ao redor do paganismo; ali tinham suas casas e jardins, suas famílias, suas pequenas congregações de nativos; e se contentavam com isso. Porém, não demorou para que Livingstone se distanciasse deles, embrenhando-se pelo coração daquele lugar, atingindo o centro do paganismo; e os sonhos de regiões mais distantes nunca cessaram de persegui-lo, até que, finalmente, deu início a suas arrojadas incursões através de milhares de milhas, por onde não havia estado antes nenhum dos missionários e, quando a morte o surpreende, ele ainda avançava.

Paulo detinha natureza do mesmo feitio, cheia de coragem e anseio por aventura. O desconhecido, longe de causar-lhe desânimo, exercia sobre ele um especial fascínio. Não podia conformar-se com edificar sobre fundamento de outro, mas adentrava sempre terreno virgem, deixando após si novas igrejas aos cuidados de outros obreiros. Alegrava-se em enumerar os lugares percorridos, e seu lema era: "Avante!". Em sonhos, via homens de países distantes que lhe acenavam, trazia sempre em mente um longo programa ainda por cumprir e, quando a morte se aproximava, ainda pensava em viagens para os mais remotos cantos do mundo conhecido. Outro elemento do seu caráter, semelhante ao que já foi mencionado, era sua influência sobre outros. Há indivíduos para os quais é penoso aproximar-se de um estranho, mesmo em casos urgentes, e a grande maioria dos homens só está bem em certo meio, entre homens da mesma classe ou profissão. Mas o estilo de vida a que Paulo se afeiçoara o havia levado a estabelecer contato com homens de toda a classe, e ele tinha frequentemente de apresentar a estranhos os negócios de que se achava encarregado. Em um momento podia estar se dirigindo a um rei ou cônsul e, dali a instantes, a um grupo de escravos ou a simples soldados em algum cômodo comum. Um dia estava falando na sinagoga dos judeus, no outro já se fazia ouvir no meio de uma turba de filósofos atenienses e já em outro aos habitantes de alguma cidade provincial, longe dos centros culturais. Mas ele sabia adaptar-se a qualquer lugar e a todo tipo de pessoas e públicos. Aos judeus, discorria sobre as Escrituras do Antigo Testamento, como um rabino; aos gregos, citava as palavras dos seus próprios poetas; aos bárbaros, falava do Deus que dá chuva do céu e provê estações frutíferas, dando-lhes mantimento para o corpo e alegria para o coração.

Quando um homem fraco ou que não é sincero pretende fazer-se tudo para todos, acaba não sendo nada para ninguém. Paulo, porém, baseado neste princípio, conquistou acesso ao evangelho em toda a parte e ganhou para si, ao mesmo tempo, a estima e o amor daqueles a quem ministrava. Se seus inimigos lhe retribuíam com ódio amargo, nunca houve um homem que fosse mais intensamente amado pelos amigos. Recebiam-no como a um anjo de Deus (Gálatas 4.14), como ao próprio Jesus Cristo, e estavam prontos a arrancar os próprios olhos e entregarem ao apóstolo. Entre uma igreja e outra havia rivalidade por causa dele. Quando não lhe era possível fazer uma visita no tempo desejado, ficavam furiosos, como se lhes tivesse feito uma injúria. Ao despedir-se deles, choravam, atiravam-se ao seu pescoço e o beijavam. Grande número de jovens se agrupava ao seu redor, a uma simples ordem. O segredo dessa fascinação estava na grandeza do homem, porque a uma grande natureza todos recorrem, sentindo-se bem com a sua presença.

Entretanto, tamanha popularidade era efeito, em parte, de outra qualidade que brilhava visivelmente em seu caráter: seu espírito abnegado. É esta a qualidade mais rara na natureza humana, e é de todas a mais poderosa em influência sobre os outros, quando existe de forma marcante e pura. A maioria das pessoas vive absorta em seus próprios negócios, interesses e problemas, e assim julgam naturalmente os demais, de modo que, ao verem alguém que parece desprovido do interesse próprio e que se dispõe a fazer tanto pelos outros, enquanto o homem comum se dispõe a fazer tudo em benefício próprio, eles se mostram, de início, descrentes, desconfiados de que sob a capa da benevolência se ocultem outros desígnios; porém, se chegam a constatar, mediante provas irrefutáveis, que se trata de uma genuína abnegação, não há limites, então, para a honra que estão dispostos a lhe dar.

Quando Paulo apresentou-se, de país em país, de cidade em cidade, era um verdadeiro enigma para todos que dele se aproximavam. Todo tipo de conjecturas se formava a respeito de suas reais intenções. Estaria ele buscando benefícios financeiros? Objetivava destaque ou reconhecimento? Ou coisa mais tenebrosa e menos pura?

Tais insinuações nunca cessavam de se propagar entre seus inimigos. Mas os que dele se aproximavam e o conheciam na intimidade, tal como era, e que sabiam que ele recusara receber dinheiro, mas trabalhava com as próprias mãos, dia e noite, para manter-se acima da suspeita de motivos mercenários, e que o viam orando com cada um deles em suas próprias casas, exortando-os, com lágrimas, a terem uma vida santa, e que viam o interesse pessoal que o apóstolo tinha por eles, individualmente, não podiam resistir às provas de pureza de suas intenções nem desprezar-lhe a afeição.

Nunca houve um homem que fosse mais abnegado. E sentido literal, era possível afirmar que ele não possuía nenhum interesse pessoal duvidoso e que estava, de fato, dedicando toda sua vida, força e recursos em benefício da propagação do evangelho. Laços de família, todas as afeições de um grande homem que poderiam ser destinadas à esposa e filhos, ele as destinava à obra do ministério para o qual foi convocado. A ternura que sentia pelos convertidos, ele a compara à de uma ama para com seus filhos, e os exorta a se lembrarem de que ele é o pai deles, pois foi quem os gerou no evangelho. Paulo os considera a sua coroa e glória, esperança e júbilo, diadema de regozijo. Mesmo sendo ávido, como era, de novas conquistas, nunca perdia o interesse pelos que já conquistara. Podia assegurar às igrejas de que orava por elas noite e dia, e levava seus convertidos, em oração, nome por nome, junto ao trono da graça. Como poderia a natureza humana resistir a tamanho desprendimento e tão sincero interesse? Se Paulo foi um conquistador do mundo, ele o foi pelo poder do amor.

Paulo detinha em seu caráter dois dos aspectos mais distintivamente cristãos. O primeiro deles era a consciência. O apóstolo tinha a consciência de que recebera a missão divina de pregar a Cristo, e que deveria desempenhá-la com total dedicação e sob quaisquer circunstâncias, ainda que a preço da própria vida. A maioria dos homens deixa-se meramente levar pela vida, e a obra que executam é determinada por inúmeras circunstâncias indiferentes, prestando-se eles a fazer uma coisa ou outra, ou até mesmo nada, se possível. Porém Paulo, desde que se tornou cristão, sabia que tinha uma obra definida a cumprir; e o chamado que recebeu nunca cessou de tocar a rebate em sua alma: "Ai de mim se não pregar o evangelho" (1Coríntios 9.16). Essa era a mola propulsora que o lançava para a frente. Sentia que tinha um mundo de novas verdades para proferir e que a salvação da humanidade dependia de que fossem proferidas. Reconhecia-se chamado a fazer Cristo conhecido a tantos quantos suas forças lhe permitissem alcançar. Era isso que o tornava tão impetuoso em seus movimentos, tão cego ao perigo, e o levava a despresar os sofrimentos. Nenhuma dessas coisas era suficientemente capaz de demovê-lo de sua missão; sua vida deixara de ser preciosa a si mesmo, desde que completasse a carreira com alegria e o ministério que recebera do Senhor Jesus, para dar testemunho do evangelho da graça de Deus (Atos 20.24). Vivia tendo sempre em vista as contas que havia de prestar diante do tribunal de Cristo, e nas horas de desalento, seu coração era renovado pela visão da coroa da vida que, se permanecesse fiel, o Senhor, justo Juiz, lhe colocaria sobre a cabeça. O segundo aspecto era sua devoção pessoal a Cristo. Esta devoção era a característica suprema do homem; do início ao fim, foi o que o moveu em suas atividades. Desde o momento de seu primeiro encontro com Cristo, teve ele somente uma paixão; o amor ao Salvador ardia nele, com esplendor cada vez maior até o fim. Deleitava-se em chamar-se de escravo de Cristo, e nenhuma ambição acalentava senão a de ser propagador das ideias de Cristo e o continuador da sua influência. Com espantosa ousadia tomou para si a ideia de ser representante de Cristo; ele diz que a mente de Cristo pensa através do seu cérebro, que está continuando a obra de Cristo e preenchendo o que resta dos sofrimentos de Cristo (Colossenses 1.24), que as feridas de Cristo se reproduzem nas cicatrizes do seu corpo, que está morrendo para que outros vivam, assim como Cristo morreu pela vida do mundo.

Pode não parecer, mas, na realidade, havia debaixo de todas essas expressões a mais profunda humildade. Estava convencido de que Cristo fizera tudo por ele e que nele Cristo entrara, expulsando o velho Paulo e dando cabo à velha vida, gerando-o um novo homem, com novos propósitos e sentimentos, com novas atividades. Seu mais profundo anelo era que esse processo fosse avante e se tornasse completo, que o "velho eu" se desvanecesse e o novo, que Cristo criara à sua própria imagem e ainda sustentava, se tornasse de tal modo preponderante que, ao serem os pensamentos do seu espírito os pensamentos de Cristo e as palavras dos seus lábios as palavras de Cristo, pudesse dizer: "... já não sou eu quem vive, mas Cristo vive em mim..." (Gálatas 2.20).

CAPÍTULO 08
QUADRO DE UMA IGREJA PAULINA

LOGOS PUBLISHER
CASA PUBLICADORA

Aspectos da história, interior e exterior — Uma igreja cristã em uma cidade gentílica
— O ponto em que se reúnem — As pessoas presentes — Os serviços divinos — Abusos
e irregularidades — Da vida doméstica — No interior da igreja — Inferências.

O excursionista que percorre uma cidade estrangeira, andando pelas ruas, com um mapa ou guia de turismo em mão, contemplando os monumentos, as igrejas, os edifícios públicos e o exterior das casas, julga-se ser conhecedor da cidade. No entanto, basta um momento de reflexão, para que conclua desconhecer quase tudo naquele contexto, já que não conheceu o interior das casas e dos estabelecimentos. Verá que ignora completamente o modo de viver dos habitantes dali: o tipo de alimento que consomem, a mobília de suas casas, a rotina; isso, sem mencionar outros fatores, como seus gostos, o que admiram e buscam para si, se estão satisfeitos ou não com as condições em que vivem etc.

O mesmo acontece quando se lê uma história: só se vê o lado exterior da vida. É como se tudo estivesse reduzido ao que está diante dos olhos, como se uma árvore fosse em sua forma completa o que se pode ver apenas pelo exterior, em vez de examinar-lhe as camadas interiores. As pompas e esplendores dos palácios, as guerras travadas, as vitórias alcançadas, as mudanças da Constituição, o surgimento e queda de impérios e governantes, tudo isso é fielmente registrado; porém o leitor sente que o seu conhecimento real da história seria muito maior, se lhe fosse permitido acesso ao interior das residências dos camponeses, negociantes, clérigo e nobres.

A mesma dificuldade se encontra também nas histórias mencionadas nas Escrituras. A narrativa de Atos contém detalhes exteriores tocantes da história de Paulo; somos transportados rapidamente de cidade em cidade e informados dos incidentes que acompanharam a fundação das várias igrejas, mas não podemos reprimir algumas vezes o desejo de parar e conhecer o que se passa no interior dessas igrejas. Como estariam as coisas em Pafos ou Icônio, em Tessalônica, Bereia ou Corinto, após a partida de Paulo? Qual a maneira de ser e a aparência dos cristãos dessas cidades? Como eram seus cultos?

Felizmente, é possível ter uma visão do interior das coisas, mesmo que não como à luz do meio-dia. Assim como a narrativa de Lucas descreve a carreira exterior de Paulo, suas epístolas nos permitem ver seus aspectos mais íntimos e profundos. Elas reescrevem a história em plano diferente. Este é o caso, especialmente, com as epístolas escritas ao final da terceira jornada, e que derramam feixes de luz sobre o período que abrange todas as suas viagens. Além das três já mencionadas como escritas nesta época, há uma outra, pertencente ao mesmo período — 1Coríntios — que nos transporta, por assim dizer, como por sobre um manto mágico, para dois mil anos atrás, fazendo-nos pairar sobre uma grande cidade grega, em que havia uma igreja cristã, e erguer o teto de uma casa onde se reuniam os cristãos permitindo-nos ver o que há ali dentro.

A partir de nosso ponto de observação, deparamo-nos, então, com um estranho espetáculo. É uma tarde de domingo, porém a cidade pagã nada entende de domingo. O dia de trabalho em um movimentado porto chegara ao fim e as ruas estão apinhadas de pessoas que pretendem viver uma noite de prazer, porque é a cidade mais dissoluta daquele corrupto Mundo Antigo. Centenas de marinheiros e mercadores de terras estrangeiras perambulam pelas ruas e praças. O alegre moço romano, que cruzou os mares para chegar a esta antiga Paris em busca de novas e dissolutas sensações, faz rodar sua carruagem ligeira pelas ruas. Quando o período dos jogos anuais se aproxima, aparecem grupos de atletas e andarilhos, cocheiros e lutadores, rodeados por seus amigos e discutindo as probabilidades de alcançarem os cobiçados prêmios. Na temperatura amena de um clima agradável, velhos e moços passam as tardes ao ar livre, enquanto o sol, descendo sobre o Adriático, esparge os seus raios dourados sobre a magnífica cidade.

Neste ínterim, aflui de todas as direções o pequeno bando de cristãos para o lugar de culto; é a hora da reunião regular. O próprio lugar da reunião não se destaca à vista, pois não é nenhum templo suntuoso, como os que se veem ao redor; nem mesmo se compara a mais próxima sinagoga. Talvez seja alguma sala espaçosa em uma casa particular, ou um armazém que alguém fizera desocupar de propósito.

Olha-se ao redor contempla-se os rostos, e logo se pode verificar que existe distinções marcantes entre eles: alguns com os traços físicos peculiares aos judeus, ao passo que o restante, em sua maioria, era gentio de várias nacionalidades. Porém, olhando-se ainda mais atentamente, nota-se outra distinção: alguns usam o anel denotativo de serem pessoas livres, ao passo que outros, em maior número, são escravos. Aqui e ali, entre os membros gentílicos, algum que tem as feições regulares da sua origem helênica, outros trazem estampada na face a palidez do pensador ou as maneiras distintas e desenvoltas dos que possuem bens e fortuna. Contudo, não há muitos poderosos ou nobres ali; a maioria dos habitantes dessa pretensiosa cidade encaixam-se no que se pode descrever como loucas, fracas, humildes e desprezadas (1Coríntios 1.27-29); são escravos cujos antepassados não respiraram o ar translúcido da Grécia, mas vagavam, em hordas selvagens, pelas margens do Danúbio.

Entretanto, algo se observa, sobretudo, em quase todas as faces presentes: são os terríveis traços da sua vida passada. Uma congregação moderna ostenta, no seu conjunto, o traço peculiar de fisionomia que a educação cristã tem produzido no transcorrer de séculos; aqui e ali só aparecem alguns rostos em cujas linhas se pode ler a história da degradação ou do crime. Porém, nesta congregação de Corinto aparecem por toda a parte estes tremendos hieróglifos. Paulo pergunta aos coríntios:

Ou não sabeis que os injustos não herdarão o reino de Deus? Não vos enganeis: nem impuros, nem idólatras, nem adúlteros, nem efeminados, nem sodomitas, nem ladrões, nem avarentos, nem bêbados, nem maldizentes, nem roubadores herdarão o reino de Deus. Tais fostes alguns de vós" (1Corín-

tios 6.9-11a). Olhando para dentro desta igreja, alguém poderia perguntar: Está vendo aquele homem alto, um grego de rosto magro? Viveu rolando na lama podre dos vícios sensuais. E aquele escravo cita, de rosto abatido? Foi outrora um ladrão e esteve preso. E aquele judeu de olhar vivo e nariz fino? Já cometeu as maiores barbaridades. Entretanto, uma grande mudança aconteceu neles. Sobre os seus semblantes se lê, além da triste história de pecado, uma outra história extremamente diferente e edificante. "Mas vós vos lavastes, mas fostes santificados, mas fostes justificados em o nome do Senhor Jesus Cristo e no Espírito do nosso Deus" (v. 11b). Ei-los a cantar o Salmo 40: "Ele me tirou de um poço de destruição, de um atoleiro de lama" (v. 2). Que tom patético se nota em suas vozes! E que júbilo transparece no rosto de cada um deles! É que eles se reconhecem como monumentos da livre graça e do amor de um Salvador que morreu por eles. Agora, porém, imaginemos todos eles reunidos em um culto. Como procederão? Havia esta diferença entre o culto que esses crentes prestavam e a maioria dos cultos de hoje, onde, em vez de uma só pessoa à frente, conduzindo a congregação nas orações, nos cânticos e pregando, lendo ou recitando salmos, todos os presentes tinham a liberdade de contribuir com a sua parte. Talvez houvesse um presidente ou diretor, mas um membro podia ler uma porção da Escritura, outro fazer uma oração, um terceiro discursava, um quarto iniciava um hino, e assim por diante. Nem mesmo parece ter havido alguma ordem fixa para as diferentes partes do serviço cultual; qualquer um podia levantar-se e guiar a congregação em louvor, em oração ou meditação, conforme os impulsos do Espírito no momento.

Esta peculiaridade resultava de outra grande diferença entre eles e nós: os membros eram dotados de dons extraordinários. Alguns tinham o poder de operar milagres, como a cura dos enfermos; outros, um dom estranho, chamado o dom das línguas — Não é perfeitamente claro em que consistia, mas parecia ter sido uma espécie de linguagem estática, em que a própria pessoa proferia uma arrebatada rapsódia[19], que dava influxo e exaltação ao sentimento religioso. Alguns dos que tinham esse dom não podiam explicar aos outros o que diziam, ao passo que outros falavam e tinham este poder adicional de interpretação dessas línguas; havia ainda outros que, embora eles mesmos não falassem em línguas, tinham o dom de interpretar o que diziam os falantes inspirados. Tinha também os que possuíam o dom de profecia, dom extremamente valioso.

Não era a capacidade para predizer eventos futuros, mas um dom de apaixonada eloquência, cujos efeitos eram, por vezes, assombrosos: quando um incrédulo entrava na assembleia, ao ouvir os profetas, era arrebatado por uma emoção irresistível, os pecados da sua vida passada lhe vinham à mente, e ele confessava que Deus estava no meio deles. Outros exerciam dons mais semelhantes aos que nos são familiares, tais como o dom de ensino e de administração. Mas, em todos estes casos, parece ter havido uma espécie de inspiração imediata, não o efeito de ações calculadas ou de preparo prévio, mas da presença de uma vigorosa inspiração íntima.

Esses fenômenos são de tal modo extraordinários que, se fossem narrados em uma simples história descritiva, suscitariam sérias dúvidas. Porém, a evidência deles é irrefutável; porque é pouco provável que alguém, escrevendo a um povo a respeito das suas próprias condições, inventaria circustâncias que não existem. Além disso, Paulo escrevia-lhes mais com intuito de restringir do que para encorajar semelhantes manifestações. Essas manifestações revelam, entretanto, a vigorosa força com que, ao entrar no mundo, o cristianismo apoderou-se das pessoas que se submetiam à sua influência. Cada crente recebia o seu dom especial, geralmente por ocasião do batismo, quando sobre ele eram impostas as mãos do batizador; o exercício desse dom podia ser por tempo indefinido, dependendo apenas da fidelidade do recipiente. Era o Espírito Santo, derramado sobre eles, sem medida, que adentrava o espírito dos crentes e repartia os dons entre eles diversamente, segundo lhe parecia melhor; e cada membro tinha a atribuição de fazer uso do seu dom particular em proveito de toda a corporação.

Terminados os serviços cultuais aqui descritos, os membros assentavam-se para uma festa de amor, que culminava na ceia

---

19 Pequeno trecho de uma composição poética.

do Senhor; e então, com o ósculo fraternal, eles se despediam para os seus respectivos lares. Era uma cena memorável, radiante de amor fraternal e coroada por manifestações estupendas de energia espiritual. Ao retornarem para casa, eles tinham a consciência de haver experimentado algo maravilhoso da parte de Deus.

Apesar de todos esses acontecimentos incríveis, a bem da verdade, é imprescindível que se apresente, não só o aspecto brilhante do quadro, mas também o seu fundo escuro. Havia na igreja irregularidades e abusos, penosos de recordar. Provinham de duas causas: os antecedentes dos membros e a mistura, na igreja, de elementos judaicos e gentílicos. Se lembrarmos de quão vasta e radical foi a mudança ocorrida na maioria dos membros, quando passaram do culto nos templos pagãos para o culto simples e puro do cristianismo, se verificará que algo lhes resta ainda da velha vida ou que não sabem discernir entre as coisas que devem ser mudadas e aquelas que devem ser conservadas.

Todavia, choca-nos saber que alguns deles viviam em grosseira sensualidade, e que os mais filosóficos defendiam isso como princípio. Um deles, aparentemente um homem de posição, vivia abertamente em tal conexão, o que, mesmo entre os gentios, seria considerado algo escandaloso. Apesar de Paulo haver escrito com indignação para que ele fosse disciplinado, a igreja deixara de obedecer, sob pretexto de não ter compreendido a ordem recebida. Outros se haviam deixado seduzir para tomar parte de novo em festins nos templos idólatras, não obstante as cenas de intemperança e dissolução que as acompanhavam. Desculpavam-se, afirmando que, nas festas, não comiam em honra aos deuses, mas o faziam como qualquer refeição ordinária e argumentavam que teriam então de sair deste mundo, se não pudessem associar-se algumas vezes com pecadores.

É evidente que tais abusos provinham da parte gentílica da igreja. Na parte judaica, pairavam dúvidas estranhas e escrúpulos a respeito das mesmas questões. Alguns, por exemplo, revoltados contra o comportamento frouxo dos seus irmãos gentílicos, caíam no extremo oposto, condenando até o casamento e suscitando acaloradas questões: se as viúvas podiam tornar a casar; se um cristão, casado com mulher pagã, devia despedi-la; dentre outros pontos da mesma natureza. Enquanto alguns dos convertidos gentílicos tomavam parte em festas idólatras, outros dos seus irmãos judaicos tinham escrúpulos até em comprar, no mercado, carnes que haviam sido sacrificadas aos ídolos, e olhavam com censura para os irmãos que se permittiam tais liberdades.

Além das dificuldades concernentes ao viver doméstico dos crentes, havia também aquelas advindas das reuniões públicas, em que se notavam graves irregularidades. Os próprios dons do Espírito Santo eram pervertidos em instrumentos do pecado, pois aqueles que haviam recebido os dons mais brilhantes, tais como operar milagres e falar com línguas, eram ávidos de ostentá-los, vangloriando-se. Isso necessariamente conduzia ao tumulto e à confusão. Ocorria de, algumas vezes, vários dos que falavam em línguas quererem proferir seus ininteligíveis discursos, de modo que, como dizia Paulo, se qualquer estranho entrasse na reunião, concluiria que eram todos doidos. Os profetas tornavam-se cansativos por seus longos discursos, e apresentavam-se em número excessivo durante os cultos. Paulo teve de repreender energicamente tais extravagâncias, insistindo sobre o princípio de que o espírito dos profetas estava sujeito a eles (1Coríntios 14.32) e que, portanto, a inspiração espiritual não era pretexto para a desordem.

Tristemente se tem de mencionar que aconteciam ainda coisas mais graves dentro da igreja, profanando-se até o caráter sagrado da Ceia do Senhor. Ao que parece, havia o costume de cada crente trazer de casa o pão e o vinho de que precisaria para cear; porém, os ricos traziam abundantes e delicadas provisões e, em vez de esperar por seus irmãos pobres e repartir com eles os elementos, apressavam-se a comer e a beber tão excessivamente, que acabavam embriagados, e o tumulto instalava-se em torno da mesa do Senhor. Outro fato é que, a despeito do beijo fraternal com que encerravam as reuniões, o povo havia descambado para o terreno das mútuas rivalidades e contendas. Isso era, sem dúvida, efeito dos elementos heterogêneos reunidos na igreja, porém, tinham ido longe demais. Um irmão arrastava outro aos tribunais civis em lugar de recorrerem à arbitragem de um amigo cristão; os membros da comunidade estavam divididos em facções teológicas:

1) Uns diziam ser de Paulo: tratavam com escárnio os escrúpulos dos seus irmãos mais fracos no tocante a comidas, bebidas, e outros pontos.

2) Outros defendiam ser de Apolo, um eloquente doutor de Alexandria, que visitara Corinto entre a Segunda e a Terceira Viagens de Paulo. Constituíam o partido filosófico; rejeitavam a doutrina da ressurreição, pois, no seu entender, era absurdo supor que os átomos dispersos de um corpo morto pudessem ser de novo reunidos.

3) O terceiro partido levantava a bandeira de Pedro, ou Cefas, como preferiam referir-se a ele em seu purismo hebreu. Eram judeus de ideias estreitas, contrários à liberalidade dos ensinamentos de Paulo.

4) Um quarto partido reclamava para si superioridade sobre os demais, já que se consideravam simplesmente cristãos. Esses eram os mais amargamente sectários de todos, e desprezavam a autoridade de Paulo com destacado e malévolo desdém.

Este é o variado quadro de uma das igrejas de Paulo, tirado de uma das suas próprias epístolas, e que revela várias coisas de um modo impressionante. Mostra, por exemplo, quão excepcionais eram, mesmo para aquela época, a mente e o caráter de Paulo, e a bênção que ele foi para a jovem igreja, com seus dons e gracioso bom senso, de larga simpatia misturada de conscienciosa firmeza, de pureza pessoal e honradez. Mostra que não é no passado, mas no futuro, que havemos de buscar a idade áurea do cristianismo. Mostra ainda quão perigoso é assumir que a predominância de qualquer uso eclesiástico deve constituir padrão para todos os tempos. Tudo o que concerne a usos eclesiásticos estava evidentemente na fase experimental. Certo é que, nos últimos escritos de Paulo, a imagem diante de nosso olhar revela um estado de coisas sobremodo diferente, em que o culto e a disciplina da igreja já tinham um caráter muito mais fixo e regulamentado. O objetivo de olhar para a era primitiva da igreja não é descobrir um padrão de mecanismo eclesiástico, mas para contemplar o espectáculo de uma nova e transformadora energia espiritual. É isto que sempre atrairá a atenção dos cristãos, o século apostólico, o poder do Espírito operando em cada membro, ondas de frescas emoções que enchiam o coração e todos percebiam a visitação de uma nova revelação; vida, amor e luz difundiam-se por toda a parte. Os próprios vícios da nova igreja eram as irregularidades de uma vida exuberante, pela ausência da qual a ordem sem vida de muitas gerações subsequentes tem sido mesquinha compensação.

CAPÍTULO 09
A GRANDE CONTROVÉRSIA

LOGOS PUBLISHER

CASA PUBLICADORA

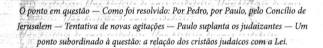

A versão da vida do apóstolo, fornecida em suas próprias cartas, ocupa-se largamente de uma controvérsia, que lhe rendeu muito trabalho e sofrimento, que lhe tomou sobremaneira o tempo durante muitos anos, e da qual Lucas pouco se ocupa no livro de Atos. Acontece que, na época em que Lucas escreve, essa já era uma questão morta e pertencia a um plano diferente daquele em que a sua história se move. Entretanto, na ocasião em que a questão andava em alta causou a Paulo incômodos muito mais intensos que as cansativas jornadas via estradas ou mares furiosos.

A controvérsia estava no auge, quando ele terminava a sua Terceira Viagem, e as epístolas já mencionadas como escritas nesse período, pode-se dizer que foram trazidas à memória. A carta aos Gálatas, especialmente, foi um raio descarregado sobre os seus adversários nesta questão, e as sentenças causticantes bem demonstram o quanto ele estava profundamente empolgado com o assunto. O ponto controverso era se os gentios deviam fazer-se primeiro judeus antes de se tornarem cristãos, ou, em outras palavras, se deveriam passar pela circuncisão, a fim de serem salvos.

Aprouve a Deus, em tempos primitivos, eleger a raça judaica dentre as outras nacões e fazer dela o repositório da salvação. Até a vinda de Cristo, cidadãos de outras nações que desejassem tornar-se parte da verdadeira religião, tinham de buscar admissão como prosélitos nos sagrados rituais de Israel. Tendo Deus destinado essa raça para manterem sob custódia sua revelação, deveria separá-los por completo de todas as demais nações e de quaisquer outros objetivos que pudessem distrai-los da sagrada missão que lhes fora confiada. Com esse intuito, regulou toda a vida desse povo, com preceitos e cerimônias que objetivavam fazer deles um povo peculiar, diferente de todas as raças da terra. Detalhes de todas as áreas da vida lhes foram prescritos: formas de culto, costumes sociais, vestimentas, alimentação; e todas esstas prescrições achavam-se codificadas naquele vasto instrumento legal a que chamavam Lei. A rigorosa prescrição de inumeráveis coisas que, naturalmente, pertencem à livre escolha de cada um, era um pesado jugo sobre o povo escolhido; era uma severa disciplina para a consciência, assim a sentiam os mais nobres da nação. Outros, porém, viam isso como um símbolo de orgulho, que gerava neles o sentimento de que eram os escolhidos da terra e, por isso, superiores a todos os demais povos; e, em vez de gemerem sob o jugo, como teriam feito se suas consciências fossem devidamente sensíveis, eles multiplicavam as distinções judaicas, avolumando as prescrições legais com grande número de costumes estereotipados.

Ser judeu era, para eles, a marca de pertencer à aristocracia das nações; ser admitido ao privilégio dessa posição constituia, aos seus olhos, a maior honra que podia ser conferida a alguém que não pertencia ao povo de Israel. Neste círculo de conceito nacional, encerravam-se todos os seus pensamentos. Estes preconceitos haviam destacado as suas esperanças da vinda do Messias que, segundo eles esperavam, viria como um heroi nacional e dilataria seu reino pelo acesso das nações ao aprisco do judaismo, mediante a porta da circuncisão. Assim, esperavam que todos os convertidos do Messias se submeteriam a este ritual nacional e adotariam a vida prescrita na lei judaica e na tradição; imaginavam, em suma, o reinado do Messias como o mundo transformado em judaismo.

Certamente era este o sentimento popular na Palestina, quando Cristo veio; e as multidões que aceitavam o Cristo como Messias tinham esta ordem de concepções como o seu horizonte intelectual. Tornaram-se cristãos, é certo, mas sem deixar de serem judeus. Frequentavam ainda o culto no templo, oravam em horas determinadas, jejuavam em dias marcados, vestiam-se ao estilo do ritual judaico; tinham-se por contaminados, se comessem na companhia dos gentios incircuncisos; não podiam imaginar que fosse facultada aos gentios, ao se converterem ao cristianismo, uma outra entrada que não fosse a de serem circuncidados e de adotarem os usos e costumes da nação judaica.

Por intervenção divina direta, a questão foi resolvida, no caso de Cornélio, o centurião de Cesareia. Na ocasião em que os mensageiros de Cornélio estavam a caminho da casa de Pedro, em Jope, Deus mostrou a este destacado apóstolo, por intermédio da visão de um grande lençol cheio de animais limpos e imundos, que a igreja cristã devia receber em seu meio circuncisos e incircuncisos igualmente. Obediente a este sinal do céu, Pedro seguiu para Cesareia, acompanhando os mensageiros de Cornélio, e, ali chegando, viu provas tão evidentes de que a família de Cornélio, sem circuncisão, havia recebido os dons da fé e do Espírito Santo, que ele não teve a menor dúvida de que deveria batizá-los, como já sendo cristãos. De volta a Jerusalém, seu procedimento foi acolhido com surpresa e indignação da parte dos cristãos judaicos; ele, porém, se defendeu, tornando a contar a visão do lençol, e apelou para o fato incontestável de que esses gentios incircuncisos, já eram cristãos, visto terem recebido os dons da fé e do Espírito Santo.

Este incidente devia ter resolvido de uma vez para sempre a questão, mas o orgulho de raça e os preconceitos de uma vida inteira não se vencem assim tão facilmente. Ainda que os crentes em Jerusalém tenham aceitado a conduta de Pedro no caso específico de Cornélio, não foram capazes de perceber o princípio universal que dali decorria; até mesmo Pedro, como veremos, não compreendeu plenamente as implicações óbvias da sua própria conduta. Todavia, neste ínterim, a questão já havia sido decidida em uma mente muito mais forte e lógica que a de Pedro. Neste tempo, Paulo começara sua obra apostólica em Antioquia e logo depois saía, acompanhado de Barnabé, para sua primeira grande expedição missionária pelo mundo pagão; e, em toda a parte aonde iam, os gentios eram admitidos na igreja, sem a necessidade de passarem pelo rito da circuncisão.

Em seu procedimento, Paulo não apenas imitara a decisão de Pedro. O evangelho que anunciara lhe fora dado diretamente do céu. Na solidão da Arábia, nos anos que seguiram imediatamente à sua conversão, ele pensara demoradamente a respeito desta questão, chegando a conclusões muito mais radicais que a de qualquer outro dos apóstolos. Para ele, mais que para qualquer outro, a lei tinha sido um jugo de escravião; Paulo via nela apenas uma rígida preparação para o cristianismo, e não uma parte dele; havia em seu espírito um abismo de contraste entre a miséria e a maldição de um estado com a alegria e a liberdade do outro. Impor o jugo da Lei sobre os gentios teria sido, no seu modo de pensar, destruir a própria essência do cristianismo; teria sido impor condições de salvação totalmente diferentes da que ele conhecia como a única no evangelho. Foram estas as profundas razões que resolveram a questão nesta grande controvérsia. Além disso, como homem conhecedor do mundo, cujo coração se votara a ganhar as nações pagãs para Cristo, Paulo sentia com muito mais intensidade do que os judeus de Jerusalém, com os seus horizontes provincianos, o quanto eram fatais estas condições, que eles pretendiam impor, ao progresso do cristianismo fora da Judeia. Os altivos romanos e os pretenciosos gregos nunca teriam consentido em se deixar circuncidar e circunscrever a vida dentro dos apertados limites da tradição judaica; uma religião presa a tais condições nunca se teria tornado a religião universal.

Quando, porém, Paulo e Banabé chegaram a Antioquia, retornando da Primeira Viagem Missionária, acharam necessário tomar uma decisão ainda mais radical sobre esta questão, porque cristãos radicais haviam descido de Jerusalém para Antioquia, dizendo aos convertidos gentílicos que, se não fossem circuncidados, não poderiam ser salvos. Traziam-lhes assim o sobresalto, o temor de estarem omitindo alguma coisa de que dependia o bem-estar de sua alma, confundindo-lhes a mente quanto à simplicidade do evangelho. A fim de tranquillizar essas consciências perturbadas, a igreja de Antioquia resolveu apelar aos principais apóstolos de Jerusalém, enviando-lhes Paulo e Barnabé, para se obter uma decisão. Foi esta a origem do que ficou conhecido como Concílio de Jerusalém, onde a questão foi oficialmente resolvida.

A decisão dos apóstolos e presbíteros achou-se em harmonia com a prática de Paulo: não se devia exigir dos gentios que fossem circuncidados; devia-se apenas ordenar-lhes que se abstivessem de carnes sacrificadas aos ídolos, da fornicação e da ingestão da carne com sangue. Paulo estava de acordo com essas condições. Assim essa questão crucial parecia resolvida por uma autoridade tão digna que ninguém mais ousaria apresentar qualquer questionamento sobre ela. Se Pedro, João e Tiago, as colunas da igreja em Jerusalém, juntamente com Paulo e Barnabé, os chefes da missão gentílica, haviam chegado a uma decisão unânime, era de esperar que todos ficassem satisfeitos e que se calassem toda e qualquer oposição.

Entretanto, surpreende-nos saber que nem mesmo esta decisão foi final e encontrou forte oposição na Conferência de Jerusalém, por parte de alguns dos presentes; e posto que a autoridade dos apóstolos houvesse determinado o teor da nota oficial enviada às igrejas distantes, continuaram ainda em Jerusalém, no seio da comunidade cristã, distorções por parte dos opositores. Essa oposição, longe de arrefecer, cada vez mais recrudecia, fomentada por muitos motivos e sustentada pelo truculento orgulho nacional; provavelmente, o interesse próprio também, pois, quanto menores fossem as diferenças entre judeus e cristãos, mais cômodo seria para os primeiros. A convicção religiosa, degenerando-se facilmente em fanatismo, fortalecia o partido da oposição, que logo foi reforçado pela violência do ódio disfarçado de zelo propagandista. Este partido chegou a tal extremo, que resolveu enviar emissários propagandistas a cada uma das igrejas gentílicas, advertindo-as de que estavam pondo a própria alma em risco, por omitir a circuncisão, e que não poderiam desfrutar os privilégios do cristianismo se não guardassem a lei judaica.

Durante anos seguidos, esses emissários fanáticos, que se consideravam os representantes do único e genuíno cristianismo, disseminaram-se por todas as igrejas fundadas por Paulo no mundo pagão. Eles não tinham o intuito de fundar igrejas, pois não possuíam nenhuma das qualidades de pioneirismo que Paulo, seu grande rival, possuía. O que eles faziam era introduzirem-se nas comunidades cristãs fundadas por ele, a fim de aliciar os convertidos. Seguiam os passos de Paulo por toda a parte, causando-lhe terrível sofrimento durante muitos anos. Insinuavam aos crentes que o evangelho de Paulo não era verdadeiro e sua autoridade era indigna de crédito: Era ele porventura um dos Doze? Ou havia estado em companhia de Cristo? Eles apresentavam-se como portadores da verdadeira forma de cristianismo, originário de Jerusalém, a sagrada sede; e não tinham escrúpulos em dizer que eram enviados de lá pelos apóstolos. Invertiam, para seus propósitos, as partes mais nobres da conduta de Paulo. A sua recusa, por exemplo, de receber dinheiro pelos seus serviços, era atribuída a um sentimento de falta de autoridade: os verdadeiros apóstolos sempre receberam honorários. Igualmente distorciam sua abstenção ao matrimônio. E eram habilidosos nessa empreitada: tinham boa lábia, usavam insinuações, demonstravam serem importantes e não se deixavam levar facilmente.

Infelizmente, obtiveram êxito em seus esforços. Alarmaram os convertidos de Paulo e os envenenaram contra ele. A igreja da Galácia, especialmente, caiu-lhes nas garras, e a de Corinto deixou-se levar a uma atitude de oposição ao seu fundador. Porém, fato é que a deserção era mais ou menos pronunciada em toda a parte. Parecia que a estrutura erigida por Paulo, a custa de tantos anos de trabalho exaustivo, estava prestes a desmoronar. Era isso o que ele pensava estar acontecendo. Apesar de manterem o nome de cristão, Paulo recusou-se terminantemente a reconhê-los como tal; o que eles anunciavam não era outro evangelho, era algo ainda mais grave, e se os convertidos lhes tivessem dado crédito, seguramente descairiam da graça. Em termos os mais enérgicos, Paulo profere uma maldição contra os que intentavam destruir o templo de Deus.

Entretanto, Paulo não era o tipo de homem que permitiria que tal sedução arrebanhasse seus convertidos, sem empenhar todos os mais enérgicos esforços para detê-la. Ele corria, sempre que possível, para ver as igrejas que estavam sendo contaminadas, enviava mensageiros para reconduzi-las ao caminho e, sobretudo, escrevia cartas para aquelas que se encontravam em perigo, cartas em que o seu extraordinário vigor mental era exercido ao extremo. Argumentava sobre a questão com todos os recursos da lógica e da Escritura. Com argumentos cortantes, como aço, desmascarava seus adversários e os fazia cair prostrados a golpes de pungentes ironias, ao mesmo tempo que se abatia aos pés de seus convertidos com toda a paixão e ternura de um grande coração, implorando a eles que fossem leais a Cristo e aos seus mensageiros. O registro de todas essas ansiedades está no Novo Testamento.

Nosso coração transborda de gratidão a Deus e ternura para com o apóstolo, ao pensarmos que suas angústias dilacerantes resultaram para nós em tão preciosa herança. É sobremodo confortante saber que ele venceu. Perseverantes como eram os seus inimigos, encontravam nele um rival mais do que digno. O ódio é forte, porém mais forte ainda é o amor. Em seus derradeiros escritos, os traços da oposição são leves ou quase nulos. É que os inimigos bateram em retirada diante da força esmagadora da sua dialética. Foram varridos do solo da igreja até não restar deles qualquer resquício. Sem os esforços empreendidos pelo grande apóstolo dos gentios, o cristianismo teria desfecho totalmente diferente. Não fosse a instrumentalidade de Paulo, a religião cristã seria nada além de um rio perdido nos areais dos preconceitos, mesmo ao pé da nascente; não passaria, hoje, de apenas uma esquecida seita judaica, em vez da religião do mundo.

Até aqui se pode claramente traçar o curso desta velha controvérsia. Dela, porém, existe uma ramificação, cujo curso já não é tão fácil determinar com exatidão.

Qual a relação dos cristãos judaicos com a Lei, segundo o ensino e pregação de Paulo? Deveriam abandonar as práticas usuais e deixar de circuncidar seus filhos e de ensinar-lhes a guardar a Lei? Pareciam ser essas as implicações dos princípios de Paulo. Se aos gentios se facultava a entrada no Reino, sem que tivessem de observar a Lei, o mesmo devia ser permitido aos judeus. Se a Lei era apenas a severa disciplina com o fim de impelir os homens a Cristo, suas obrigações caducariam no momento que este fim fosse alcançado. Cessa toda a servidão de tutela no instante em que o filho entra na posse atual da herança. Certo é, porém, que os outros apóstolos e a grande massa dos cristãos em Jerusalém não entenderam assim por muito tempo.

Os apóstolos concordaram em não exigir dos cristãos gentílicos nem a circuncisão nem a guarda da Lei, mas eles próprios a observavam e esperavam que assim o fizessem todos os judeus. Esse procedimento implicava em uma contradição de ideias e resultava em dolorosas consequências práticas. Se assim continuasse, ou se Paulo cedesse, a igreja teria se dividido em duas seções que veriam

uma a outra com maus olhos, isso porque fazia parte da estrita observância da Lei a abstenção de comer em companhia de incircuncisos; e os judeus teriam se recusado a se sentar à mesa com aqueles
que reconheciam como seus irmãos em Cristo. Era uma incongru-
ência infeliz, que chegou a concretizar-se em um caso notório.

Certa ocasião, Pedro estava na cidade pagã de Antioquia e
ali confraternizava livremente em reuniões sociais, com os cristãos
de procedência gentílica. Quando chegaram alguns vindos de Jerusalém, pertencentes à ala mais radical, ele se sentiu intimidado de
tal maneira, que se retirou da mesa, mantendo-se arredio com seus
camaradas crentes. Até Barnabé deixou-se levar pela mesma tirania
do fanatismo. Somente Paulo manteve-se fiel aos princípios da liberdade cristã, resistindo a Pedro, cara a cara, e desmascarando-lhe a
conduta inconsistente.

Verdade é que Paulo nunca tratou o assunto nem se opôs
à circuncisão entre os judeus de nascimento. O que seus inimigos
diziam dele nesse sentido era inteiramente falso. Chegando a Jerusalém, ao fim da Terceira Viagem Missionária, o apóstolo Tiago e
os presbíteros informaram-no do mal que o boato, espalhado pelos
adversários de Paulo, estava causando ao seu bom nome, e acharam
por bem que ele deveria dar-lhes uma explicação pública, desmen-
tindo os falatórios infundados. Os termos do apelo paulino, registrados em Atos 21.20-24, são memoráveis:

*Bem vês, irmão, quantas dezenas de milhares há entre os ju-
deus que creram, e todos são zelosos da lei; e foram informados
a teu respeito que ensinas todos os judeus entre os gentios a
apostatarem de Moisés, dizendo-lhes que não devem circuncidar os filhos, nem andar segundo os costumes da lei.*
Que se há de fazer, pois? Certamente saberão da tua chegada.
*Faze, portanto, o que te vamos dizer: estão entre nós quatro
homens que, voluntariamente, aceitaram voto; toma-os, puri-
fica-te com eles e faze a despesa necessária para que raspem
a cabeça; e saberão todos que não é verdade o que se diz a
teu respeito; e que, pelo contrário, andas também, tu mesmo,
guardando a lei.*

Paulo concordou com esta proposta e empreendeu a prática dos ritos que Tiago lhe recomendara. Isso demonstra positiva-

mente que ele nunca intentou dissuadir os judeus de nascimento de viverem como judeus. Pode ser, talvez, que alguém possa pensar que uma linha de conduta consistente com seus princípios seria a de forte oposição a tudo o que estivesse associado à dispensação que havia caducado. Ele, porém, entendia de forma diferente, com razões que lhe pareciam suficientes.

Podemos ver o apóstolo alertar os que já eram circuncidados quando foram chamados para o Reino de Cristo a não buscassem reverter o processo, e aos chamados sem terem passado pelo ritual da incircuncisão a que não buscassem circuncidar-se. A razão que ele apresenta é que a circuncisão ou a incircuncisão nada valem. A distinção, do ponto de vista religioso, não era para ele mais do que a distinção de sexos ou a distinção de escravo e senhor. Não tinha, em suma, nenhuma significação religiosa. Entretanto, se alguém professava os costumes da vida judaica, como um distintivo da sua nacionalidade, Paulo nada tinha para se queixar; ele mesmo, em muitas coisas, também os preferia. Formalidades, como tais, ele não as defendia nem criticava; mas quando elas se interpunham entre as pessoas e Cristo, ou entre um cristão e seus irmãos, encontravam nele um inimigo implacável. Mas o apóstolo sabia que a liberdade pode converter-se em instrumento de tirania, tanto quanto a servidão, e por isso, no que dizia respeito aos manjares, por exemplo, ele redigiu aqueles nobres conselhos de abnegação por amor das consciências débeis e escrupulosas, sendo esse um dos mais tocantes testemunhos do seu desprendimento próprio.

Temos aqui, sem dúvida, um homem de proporções tais, que não é tarefa fácil definir. A extraordinária lucidez que sabia discernir distintamente as linhas demarcatórias entre a antiga e a nova era, na maior crise de tantas que experimentou a história humana, o defensor intransigente de princípios, quando consequências reais estavam em jogo, era também da mais genial superioridade a meras fórmulas e regras, e de extrema consideração pelos que não viam as coisas como ele as via. Com um só golpe, despedaçara e sacudira de si as correntes da escravidão, sem, contudo, deixar-se impressionar pela liberdade, e teve sempre em vista fins muito mais alevados que a mera lógica da sua posição.

CAPÍTULO 10
O EPÍLOGO

LOGOS PUBLISHER
CASA PUBLICADORA

Retorno a Jerusalém — Anúncio da iminência da sua prisão — A prisão — Tumulto no Templo — Paulo perante o Sinédrio — Conjuração dos zelotes — A prisão em Cesareia — A razão providencial desta cláusula — O último evangelho de Paulo — Seus ensinamentos morais — Viagem a Roma — Apelo a César — Viagem à Itália — A chegada a Roma — A primeira prisão em Roma — Demora do julgamento — Ocupações de um prisioneiro — A conversão dos guardas — Visitas de auxiliares apostólicos — Mensageiros das suas igrejas — Seus escritos — Cenas finais — Libertado da prisão. Novas viagens — A segunda prisão em Roma — Seu julgamento e morte — Epílogo.

A visita à Grécia foi rápida, mas completa, e, ao fim da Terceira Viagem Missionária, Paulo voltou a Jerusalém. A sua idade, neste tempo, devia ser em torno de sessenta anos. Durante vinte anos estivera empenhado em trabalhos quase sobre-humanos, viajando e pregando sem cessar, e trazendo no coração o peso de muitos cuidados. Esculpido por moléstias e torturas, com os cabelos já grisalhos e o rosto marcado pelos sinais da idade, não havia, entretanto, indícios de que seu físico estivesse enfraquecido, e seu espírito estava, como sempre, em plena lucidez e cheio de entusiasmo pela causa de Cristo.

Tinha o olhar especialmente voltado para Roma e, por isso, antes de deixar a Grécia, mandou dizer aos romanos que podiam ter esperanças de vê-lo em breve. Porém, à medida que se apressava de volta para Jerusalém, velejando ao longo das costas da Grécia e da Ásia, soou o sinal de que sua obra estava quase consumada e sobre o seu caminho projetava-se a sombra de um próximo desenlace. De cidade em cidade, os profetas das comunidades cristãs prediziam as cadeias e prisões que o aguardavam e, ao passo que se aproximava do fim da jornada, estes avisos tornavam-se mais fortes e frequentes. A solenidade de tais alertas calava fundo no apóstolo; de ânimo heroico, era também por demais humilde e reverente, para não se

119

deixar comover ao pensar na morte e no juízo. Tinha consigo mais companheiros, mas buscava ocasião de estar só. Despediu-se dos seus convertidos, como um homem prestes a morrer, dizendo-lhes que nunca mais veria a face deles. Mas quando lhe rogavam que retrocedesse e evitasse o perigo iminente, delicadamente, ele repelia os braços dos amigos, dizendo-lhes: "Que fazeis chorando e quebrantando-me o coração? Pois estou pronto não só para ser preso, mas até para morrer em Jerusalém pelo nome do Senhor Jesus" (Atos 21.13).

Qual o interesse urgente, que tão decisivamente exigia sua presença em Jerusalém, nós não sabemos. Ele precisava entregar aos apóstolos a coleta feita entre as igrejas gentílicas em favor dos santos em Jerusalém; talvez fosse importante que este serviço fosse feito pessoalmente. Ou podia ser também que ele estivesse na expectativa de receber dos apóstolos uma mensagem para as suas igrejas gentílicas, um desmentir autorizado às insinuações dos seus inimigos, que atribuíam um caráter antiapostólico ao seu evangelho. Seja como for, algum dever imperioso o chamava, e ele, a despeito de temer a morte e das lágrimas derramadas por seus amigos, marchou, rumo ao seu destino.

Paulo chegou a Jerusalém na época da Festa de Pentencostes e, como de costume, a cidade estava repleta de centenas de milhares de peregrinos, vindos de todas as partes do mundo de então. Entre os muitos visitantes, certamente, estavam muitos que o tinham visto na obra de evangelização das cidades gentílicas e com ele travaram atritos. O ódio que sentiam pelo apóstolo havia sido imobilizado em terras estrangeiras, pela interferência das autoridades pagãs. No entanto, agora que o encontraram na capital judaica, não lhes seria possível saciar a sede de vingança, contando para isso com o apoio de toda a população?

Este era o perigo em que Paulo se encontrava. Alguns judeus de Éfeso, o principal cenário dos seus trabalhos durante a terceira viagem, reconheceram-no quando se achava no templo e, clamando em alta voz, diziam que ali se encontrava um herege que blasfemara da nação judaica, da lei e do templo. Foi o suficiente para que, em um instante, se formasse ao redor dele um mar enfurecido de fanáticos. Surpreendentemente não o lincharam ali mesmo. No entanto, a superstição impediu os assaltantes de macular com sangue o átrio dos judeus, mas o prenderam, e antes de o arrastarem para o átrio dos gentios, onde o teriam prontamente estrangulado, sobreveio, de repente, a guarda romana, cujas sentinelas vigiavam as fortificações do castelo que davam para os átrios do templo, e o tomou sob a sua proteção; e quando o comandante soube que se tratava de um cidadão romano, garantiu-lhe a segurança.

Contudo, o fanatismo de Jerusalém estava agora completamente exarcebado e ergueu-se, como um mar bravio, contra a proteção que cercava Paulo. O comandante romano, um dia após, fê-lo comparecer diante do Sinédrio, a fim de averiguar que acusação pesava contra ele; porém, a presença do prisioneiro causou tamanha gritaria e tumulto que foi preciso retirá-lo dali, pois do contrário o teriam despedaçado.

Estupenda cidade! Povo extraordinário! Nunca houve uma nação que produzisse filhos mais bem dotados para imortalizar-lhe o nome; nunca uma cidade teve filhos que se apegassem a ela com a mais intensa paixão, com o mais vivo devotamento; entretanto, qual mãe furiosa, ela despedaçava os mais formosos dentre eles, arrancando-os do seio. Jerusalém encontrava-se agora a poucos passos da sua destruição e aqui estava o último dos seus filhos inspirados, o último dos seus profetas, visitando-a pela última vez, trazendo um coração cheio de amor ilimitado para com ela; e essa mãe, certamente, teria trucidado seu mais ilustre filho, não fosse a proteção que lhes dispensaram os gentios.

Quarenta zelotes ligaram-se em juramento, sob pena de maldição, que haviam de pegar Paulo, mesmo em meio às espadas romanas; e o capitão romano só conseguiu frustrar-lhe os planos enviando-o fortemente escoltado para Cesareia, uma cidade na costa do Mediterrâneo e residência do governador romano da Palestina; e ali encontrou-se o apóstolo, perfeitamente protegido da violência dos judeus.

Paulo permaneceu preso durante dois anos. As autoridades judaicas, por mais de uma vez, tentaram uma de duas coisas: conseguir a sua condenação pelo governador ou que o apóstolo lhes fosse entregue, para ser julgado quanto a crimes eclesiásticos; mas não conseguiram convencer o governador de que Paulo fosse culpado de algum delito que escapasse à sua jurisdição ou de que devia entregar um cidadão romano aos seus cuidados. O prisioneiro devia ter sido posto em liberdade, porém tão veementes eram os seus inimigos em afirmar que ele era um criminoso dos mais hediondos, que continuou detido na perspectiva de aparecerem novas evidências contra ele. Além do mais, a sua soltura foi impedida pela corrupção do governador Félix, que esperava que o cabeça de uma seita religiosa, um homem de influência, não hesitaria em adquirir a liberdade por meio de suborno. Félix demonstrou interesse pelo prisioneiro, ouvindo-o alegremente, à semelhança de como Herodes agiu em relação a João Batista.

Paulo estava preso, mas não incomunicável. Podia mover-se ao menos nos limites do quartel onde se achava detido. Podemos até imaginá-lo ali, passeando às margens do Mediterrâneo, alongando o olhar saudoso através do azul das águas, em direção da Macedônia, Acaia e Éfeso, onde seus filhos espirituais estavam pensando nele e, talvez, em perigos que faziam urgente sua presença no meio deles.

Foi uma misteriosa Providência que paralisou suas energias e condenou o ardoroso obreiro à inatividade. Entretanto, podemos agora perceber a razão disso. Após vinte anos de incessante evangelização, ele necessitava de repouso para melhor assimilar os frutos da experiência. Durante todo esse tempo, até então, ele pregara o evangelho do ponto de vista que se lhe desdobrara na solidão da Arábia, mediante muita reflexão e por inspiração do Espírito revelador. Agora, chegara, porém, a um ponto em que, com tempo para refletir, poderia mergulhar nas mais recônditas regiões da verdade, como está em Jesus. E tão importante era essa pausa em suas atividades, que Deus mesmo, para assegurá-la, permitiu que ele fosse mantido na prisão.

Nada escreveu durante estes dois anos. Era um período de atividade íntima e progresso interior. Mas, quando retomou seu processo de escrita, os resultados se tornaram visíveis imediatamente. As epístolas escritas depois desta prisão apresentam um tom mais suave e uma visão doutrinária mais profunda que os seus primeiros escritos. Não há contradição alguma ou qualquer inconsistência entre as suas opiniões nesses dois períodos: em Efésios e Colossenses, ele edifica sobre os amplos fundamentos assentados em Romanos e Gálatas. Mas a superestrutura é mais alta e imponente. Ele insiste menos sobre a obra de Cristo e mais sobre a sua Pessoa; menos sobre a justificação do pecador e mais sobre a santificação dos santos.

No evangelho, que lhe foi revelado na Arábia, ele apresentara Cristo como o centro da história do mundo e mostrou que a sua primeira vinda foi o alvo para que se encaminhavam os destinos de judeus e gentios. No evangelho que lhe foi revelado na Cesareia, o ponto de vista é extra-mundo: Cristo é apresentado como a razão da criação de todas as coisas, como o Senhor dos anjos e dos mundos, para cuja segunda vinda se encaminha o vasto cortejo do Universo; aquele de quem, por quem e para quem são todas as coisas.

Nas primeiras epístolas, o ato inicial da vida cristã — a justificação da alma — é explicado de um modo exaustivo; mas nas outras, o apóstolo estende-se sobre as subsequentes relações de Cristo com os que foram justificados. Consoante ao ensino do apóstolo, todo o espetáculo da vida é o resultado de uma união entre Cristo e a alma, e, para descrever estas relações, ele elaborou todo um vocabulário, composto por frases e ilustrações: os crentes estão em Cristo e Cristo está neles; eles têm com ele a mesma relação que as pedras de um edifício mantém com a pedra fundamental, como a dos ramos e uma árvore, os membros do corpo e a cabeça, a mulher e o marido. Esta união é ideal, porque a mente divina, na eternidade, identificou o destino de Cristo, com o do crente; é legal, porque dívidas e méritos tornaram-se propriedade comum; é vital porque a conexão com Cristo proporciona o poder para uma vida santa e progressiva; é moral, pelo fato de, em espírito e de coração, em caráter e conduta, os cristãos se tornam mais e mais identificados com Cristo.

Outro aspecto das últimas epístolas é o equilíbrio entre ensinamentos teológicos e morais. Isso é claramente visível na estrutura da maior delas, porque são divididas quase exatamente em duas partes: 1) a primeira se ocupa de exposições doutrinárias e 2) a segunda, de exortações morais. Os ensinamentos morais de Paulo estendem-se a todas as partes da vida cristã, mas não se caracterizam por um arranjo sistemático das várias espécies de deveres, posto que os deveres domésticos são tratados com bastante amplitude. Sua principal distinção é a ênfase sobre os motivos que devem atuar sobre a conduta. A moralidade cristã, segundo o ensino de Paulo, é enfaticamente a moralidade de motivos. O todo da vida de Cristo é uma série de exemplos para serem copiados pelo cristão, na conduta de cada dia, não nos detalhes da sua vida terrena, mas nos grandes aspectos da sua jornada redentora, do céu à terra e da terra de novo para o céu, como contemplados do ponto de vista extramundo destas epístolas. Nenhum dever é pequeno demais para ser ilustrado por outro dos princípios que inspiraram as ações mais divinas de Cristo. Os atos mais simples de humildade e bondade têm de ser imitações daquela atitude que motivou Cristo a abrir mão de sua posição de igualdade com Deus para a obediência da cruz. O motivo dominante de amor e bondade mútuos entre os cristãos deve ser uma recordação do seu mútuo interesse pelo Salvador.

Ao fim de dois anos em que Paulo permaneceu preso, Festo sucedeu a Félix no governo da Palestina. Os judeus nunca deixaram de tramar para que Paulo viesse cair em suas mãos e eles foram, imediatamente até o novo governador com as suas importunações, e como Festo parecia vacilante, Paulo recorreu ao direito que tinha, como cidadão romano, de apelar, e requereu que fosse enviado para Roma e julgado perante o Imperador, e isso não lhe podia ser negado; assim que apelasse, o prisioneiro deveria ser enviado imediatamente a Roma. Dessa forma, Festo o fez embarcar, com outros prisioneiros que compartilhavam o mesmo destino, sob a escolta de uma guarda de soldados romanos.

O diário da viagem está registrado no livro de Atos dos Apóstolos e é considerado o documento de maior valor, dentre todos que existem, sobre a navegação nos tempos antigos. É também um precioso documento a respeito da vida de Paulo, porque mostra como as situações mais adversas e imprevisíveis faziam resplandecer o seu caráter.

Um navio é uma espécie de mundo em miniatura, onde

há governo e governados. Mas o governo, como o dos estados, está sujeito a súbitas transformações sociais, em que o homem mais hábil é elevado ao posto supremo. Foi uma viagem de extremos perigos, que requeria a mais perfeita determinação e o poder de ganhar a confiança e obediência dos que estavam a bordo. Antes de chegar ao fim da viagem, Paulo se tornara virtualmente o capitão do navio e o general dos soldados; e todos estavam em dívida com ele, pois lhes havia salvado a vida.

Os perigos do profundo mar foram deixados para trás, e Paulo aproximava-se da capital do mundo romano pela Via Ápia, a grande estrada por onde os viajantes provenientes do Oriente entravam a Roma. O reboliço e o ruído aumentavam à medida que se aproximava da cidade, e os sinais de grandeza e renome de Roma se multiplicavam a cada passo. Ver a grande cidade de Roma foi, durante muitos anos, o seu ardente desejo, mas ele sempre imaginava encontrá-la de uma maneira diferente de como estava agora.

Sempre pensava a respeito de Roma como o general vitorioso pensa sobre a principal fortaleza de um país que está subjugando, desejando ansiosamente o dia forçar-lhe suas portas, pondo-as ao chão. Paulo estava empenhado na conquista do mundo para Cristo, e Roma era a posição final que ele ambicionava dominar, em nome do Mestre. Anos antes enviara-lhe o famoso desafio: "... quanto está em mim, estou pronto a anunciar o evangelho também a vós outros, em Roma. Pois não me envergonho do evangelho, porque é o poder de Deus para a salvação de todo aquele que crê" (Romanos 1.15,16). Mas agora, às portas da famosa cidade e pensando na dolorosa condição em que se encontrava — velho, de cabelos brancos, abatido, preso em cadeias, sobrevivente de um naufrágio —, desfalecia-lhe o coração e sentia-se pavorosamente desolado.

Entretanto, neste exato instante, um pequeno incidente veio reanimar seu espírito: de uma pequena cidade, a quarenta milhas de Roma, veio-lhe ao encontro um pequeno grupo de irmãos que, tendo ouvido da sua chegada, saíram para dar-lhe as boas-vindas; outro grupo também viera até o apóstolo, com o mesmo intuito. Sensibilizado pela empatia e presença desses irmãos e pelo interesse que demonstravam por ele, reviveu-lhe completamente o seu espírito. Ele rendeu graças a Deus e recobrou ânimo; seus sentimentos retomaram o usual vigor e, quando na companhia desses amigos, galgou as alturas dos montes Albanos, de onde se descortinavam as primeiras visões da cidade, o seu ânimo exaltou-se, antecipando a vitória, pois se reconhecia como o portador de uma força que havia de subjugar a orgulhosa metrópole.

Não com passo de prisioneiro, mas de conquistador, o apóstolo entrou, afinal, pela porta da cidade. Caminhou ao longo daquela mesma Via Sacra, pela qual muitos generais romanos haviam passado triunfantes para o Capitólio, no carro da vitória, seguido dos prisioneiros e despojos do inimigo, por entre os aplausos de romanos em regozijo. Pouca era a semelhança entre Paulo e esse tal heroi: não era transportado em carros de vitória, mas os seus pés palmilhavam cansados as pedras da estrada; não o condecoravam medalhas ou ornamentos, mas uma cadeia de ferro pendia-lhe do pulso; não foi saudado pelas multidões, dando-lhe as boas-vindas — apenas um pequeno grupo de humildes amigos formavam-lhe o cortejo — entretanto, nunca nas ruas de Roma soaram passos mais verdadeiramente conquistadores, nunca entrara por suas portas um coração mais confiante na vitória.

Entretanto não era para o Capitólio que se dirigiam os seus passos, mas para uma prisão, onde permaneceria detido por longo tempo, porque o seu julgamento não veio senão depois de dois anos. As delongas judiciais têm sido proverbiais em todos os países e em todos os tempos. A justiça da Roma imperial provavelmente não seria exceção a esta regra, especialmente no reinado de Nero, um homem de frivolidade tal que, ao menor aceno dos prazeres ou a qualquer impulso ou capricho do momento era capaz de adiar os mais sérios e importantes negócios. A prisão de Paulo teve, na verdade, o caráter mais brando possível. Pode ser que o oficial que o conduziu a Roma houvesse dito alguma palavra a favor do homem que lhe salvara a vida durante a viagem, ou que o oficial a quem foi entregue, conhecido na história secular como um homem justo e humano, inquirisse a respeito do seu caso e formasse uma opinião favorável a respeito do seu caráter. Fato é que Paulo obteve permissão de alugar para si uma casa e ali viver em perfeita liberdade, com a exceção única de que um soldado, responsável exclusivamente por ele, o acompanhasse constantemente. Esta não era a condição que alguém como Paulo desejava. Preferia, sem dúvida, ir de sinagoga a sinagoga, na imensa cidade, pregando nas ruas e praças, fundando congregações entre a massa da população. Ele estava acostumado a atividades constantes e outro, em seu lugar, talvez, tivesse permitido que o seu espírito entrasse em estagnação, caísse na indolência e se entregasse ao desespero. Mas Paulo agiu diferentemente disso. Tirou vantagem de todas da situação e viu possibilidades. Transformou seu aposento em um centro de poderosa irradiação de atividade e beneficência. No pequeno espaço de uns poucos metros, ele estabeleceu um ponto de apoio de onde moveu o mundo, estabelecendo dentro dos muros da capital de Nero uma soberania mais vasta que a do orgulhoso Imperador.

Até mesmo a circunstância mais tediosa que enfrentou — a presença constante do guarda responsável por vigiá-lo — converteu-se em bênção. Para alguém como o apóstolo, de temperamento forte, com o seu espírito ardente e irrequieto, devia ter sido um incômodo quase insuportável ter alguém apegado a si todo o tempo. De fato, em suas cartas escritas durante este período, ele se refere constantemente a esta cadeia, como se elas não lhe saísse da mente. Mas ele não permitiu que a irritação gerada por essa situação o tornasse cego à oportunidade que a ele se apresentava, mesmo sob aquelas circunstâncias. Este guarda era certamente trocado de poucas em poucas horas, quando um soldado rendia ao outro; deste modo, podia haver uns seis ou oito guardas que se revezavam em um período de vinte e quatro horas. Eram da guarda imperial, a flor do exército romano. Paulo não podia permanecer sentado ao lado de outro homem sem falar do assunto que lhe enchia o coração. Ele falou a estes soldados a respeito de suas almas imortais e da fé em Cristo. A homens afeitos aos horrores da guerra e aos costumes dos acampamentos romanos, nada podia ser mais singular do que uma vida e um caráter como o de Paulo; e o resultado dessas conversas foi que muitos deles tornaram-se outros homens, e um avivamento espalhou-se pelos acampamentos, penetrando, até mesmo, a própria casa imperial. O seu aposento repleto de rostos rígidos, alegres por encontrá-lo em momentos que não eram somente mera obrigação militar. Paulo mostrava-lhes simpatia e entrava no espírito da sua ocupação, pois ele mesmo estava impregnado de espírito guerreiro. De tais visitas temos uma relíquia imperecível, ditada em apaixonada e inspirada eloquência:

> Revesti-vos de toda a armadura de Deus, para poderdes ficar firmes contra as ciladas do diabo; porque a nossa luta não é contra o sangue e a carne, e sim contra os principados e potestades, contra os dominadores deste mundo tenebroso, contra as forças espirituais do mal, nas regiões celestes.

> Portanto, tomai toda a armadura de Deus, para que possais resistir no dia mau e, depois de terdes vencido tudo, permanecer inabaláveis.

> Estai, pois, firmes, cingindo-vos com a verdade e vestindo-vos da couraça da justiça. Calçai os pés com a preparação do evangelho da paz; embraçando sempre o escudo da fé, com o qual podereis apagar todos os dardos inflamados do Maligno. Tomai também o capacete da salvação e a espada do Espírito, que é a palavra de Deus...
> (Efésios 6.11-17).

Esta pintura foi tirada da vida e das armaduras dos soldados que passavam horas em seu aposento; e é bem possível que essas sentenças retumbantes fossem proferidas verbalmente aos seus ouvintes militares, antes de serem registradas na epístola em que têm sido preservadas.

Paulo recebia também outros visitantes. Todos os que em Roma tinham interesse no cristianismo, judeus e gentios, afluíam para ele. Talvez não tenha passado um dia, no decorrer destes dois anos, em que ele não tivesse tais visitantes. Os cristãos romanos aprenderam a ir para aquele aposento como quem vai para um oráculo ou santuário. Ali, muitos mestres cristãos afiaram a espada, e nova energia começou a se difundir pelos círculos cristãos da cidade. Muito pai ansioso levou o filho para ali, um amigo ao seu amigo, esperando uma palavra do apóstolo para lhe despertar a consciência adormecida. O transviado, que nesse aposento aparecia por acaso, saía dali um novo homem. Um desses foi Onésimo, um escravo de Colossos, que chegou a Roma como um fugitivo, mas foi reencaminhado ao seu senhor, cristão, agora não mais como um escravo, mas como um irmão amado. Visitas mais interessantes ainda apareciam. Em todos os períodos da sua vida Paulo exerceu uma forte fascinação sobre os moços. Sentiam-se atraídos pela alma varonil que havia dentro dele e que tinha empatia com suas aspirações e inspirações para os mais nobres empreendimentos. Esses jovens amigos, que estavam espalhados por todo o mundo romano, empenhados na obra de Cristo, afluíam para ele em Roma. Timóteo e Lucas, Marcos e Aristarco, Tíquico e Epafras, e muitos outros, vieram para beber das águas frescas deste perene manancial de sabedoria e entusiasmo; e ele os tornava a enviar com mensagens para as suas igrejas ou para trazer-lhe notícias de como estavam seus filhos na fé.

Nunca cessava de pensar naqueles que havia gerado em Cristo e estavam distantes. Diariamente, sua imaginação vagava pelos vales da Galácia ou ao longo das praias da Ásia e da Grécia; orava todas as noites pelos cristãos da Antioquia e de Éfeso, de Filipos, de Tessalônica e Corinto. E provas não faltavam de que eles também o tinham na lembrança. De vez em quando, em seu aposento, aparecia um representante de alguma igreja distante, trazendo as saudações dos seus convertidos, ou alguma contribuição para suprir suas necessidades temporais, ou solicitando a sua decisão a respeito de algum ponto doutrinário ou prático em que encontravam dificuldades. Esses mensageiros não regressavam vazios, mas com as afetuosas mensagens, em forma de conselho, do seu amigo apostólico.

Algumas dessas mensagens iam mais longe. Quando regressara, Epafrodito, um representante da igreja de Filipos que esta enviara ao seu amado pai em Cristo, com uma oferta de amor, Paulo enviou por ele, em reconhecimento pela gentileza que lhes demonstraram, a mais bela das suas cartas, em que ele abre o próprio coração, e na qual cada sentença brilha com ternos afetos. O escravo Onésimo, ao ser enviado outra vez para Colossos, recebeu, como o ramo de paz para oferecê-lo ao seu senhor, a pequena e interessante epístola a Filemon, um belíssimo monumento de cortesia cristã. Ele foi portador também de uma carta endereçada à igreja da cidade em que morava o seu senhor, a epístola aos Colossenses.

A composição destas epístolas constituiu a parte incomparavelmente mais importante das variadas ocupações de Paulo na prisão; e ele culminou os seus trabalhos escrevendo aos efésios, que é talvez o livro mais profundo e mais sublime do mundo. Muitos são os benefícios que a igreja de Cristo recebeu, provenientes das prisões dos servos de Deus; dentre eles, o maior livro do gênero religioso não inspirado, O Peregrino, do escritor John Bunyan, que foi escrito quando o autor estava preso. Mas nenhum infortúnio abençoou mais a igreja cristã que as prisões de Paulo em Cesareia e Roma; elas o impediram de realizar viagens e algumas atividades ministeriais presenciais, mas permitiu-lhe o necessário para mergulhar nas profundezas da verdade, como registradas na epístola aos Efésios.

Paulo podia até considerar um mistério que a Providência divina tenha alterado de forma tão drástica o curso da vida que ele levou durante tantos anos, mas os pensamentos de Deus são mais altos do que os dos homens, e os seus caminhos mais elevados que os humanos, e o Senhor deu a Paulo a graça de vencer as tentações das suas circunstâncias e de fazer, em sua forçada e aparente inatividade, muito mais em benefício do mundo e da permanência da sua própria influência, do que poderia ter feito durante vinte anos de trabalho missionário itinerante. Assentado em seu aposento, ele recolhia em um coração profundamente empático os suspiros e brados de milhares à distância, e dos seus inesgotáveis recursos difundia por toda a parte auxílio e coragem. Aprofundava mais e mais a mente em solitários pensamentos, até que, alcançando a devida profundidade, fez jorrar dali torrentes que ainda alegram a cidade de Deus.

O livro de Atos termina abruptamente, com um breve sumário dos dois anos da prisão de Paulo em Roma. Será que nada mais havia para contar? Teria o dia do julgamento resultado em condenação e morte? Ele foi absolvido e reassumiu suas ocupações?

Onde a lúcida narrativa de Lucas nos deixa subitamente, a tradição surge, oferecendo-nos seu auxílio duvidoso. Conta-se que Paulo foi absolvido neste julgamento e saiu da prisão; que continuou fazendo suas viagens, visitando a Espanha, entre outros lugares, mas pouco tempo depois foi preso outra vez e reenviado a Roma, onde sofreu o martírio pelas mãos cruéis de Nero.

Felizmente não nos encontramos inteiramente sob a dependência do precário auxílio da tradição. Possuímos escritos de Paulo de uma época indubitavelmente posterior a esses dois anos de prisão romana. São as chamadas Cartas Pastorais, a saber, 1 e 2Timóteo e Tito. Delas, entendemos que ele tenha recuperado sua liberdade e assumido seus trabalhos costumeiros, visitando antigas igrejas e fundando outras novas. Seus passos não podem mais ser traçados com exatidão. Encontramo-lo novamente nas cidades de Éfeso e Trôade; também o vemos em Creta, uma ilha da qual partiu em viagem para Roma e que possivelmente tenha despertado seu interesse; e ainda o localizamos explorando novo território nas regiões ao norte da Grécia. Além disso, tal qual um comandante que envia seus soldados por toda a linha de batalha, o vemos ainda enviando os seus jovens assistentes para organizar e apascentar igrejas.

Mas isso não duraria por longo tempo. Logo após o seu livramento da prisão, ocorreu um evento que não deixaria de exercer grande influência sobre o seu destino: o incêndio de Roma. Esse pavoroso desastre, cujos sinistros clarões, mesmo depois de tantos séculos, ainda fazem o coração extremecer, foi bem provavelmente o fruto de um desses acessos de loucura e maldade do monstro de perversidade que governava o Império à época. Nero, porém, achou conveniente atribuir a autoria do evento aos cristãos, o que colocou um alvo nas costas deles, provocando imediatamente a mais atroz perseguição. E esta fama certamente voou em pouco tempo por todo o mundo romano daquele tempo; e era pouco provável que o mais incorruptível apóstolo do cristianismo lhe escapasse das mãos por muito tempo, e todo o governador romano sabia perfeitamente que não havia ação mais eficiente para agradar o Imperador do que enviar-lhe Paulo em cadeias.

Pouco tempo depois, Paulo estava novamente preso em

Roma, e, desta vez, a prisão nada teve de suavidade, ao contrário, foi recheada e coberta com o que de mais cruel a lei permitia. Os amigos já não eram vistos em seu aposento, os cristãos de Roma haviam sido massacrados ou dispersos, e era perigoso alguém se identificar como cristão. Dessa prisão escreveu a carta de 2Timóteo, a última que sua pena produziu. Nela, fala a respeito das circustâncias em que vivia como prisioneiro e conta que a primeira parte do seu julgamento já havia ocorrido. Nenhum amigo o assistiu quando teve de enfrentar o sanguinário tirano que subiu ao tribunal, mas o Senhor o assistiu, e o Imperador, com a multidão que se apinhava na basílica, ouviu o som do evangelho. A acusação intentada contra ele foi pulverizada, ainda que ele não tivesse esperança de escapar. Outras fases do processo ainda aconteceriam e o apóstolo sabia que as provas para o condenar, se não fossem encontradas, seriam produzidas.

Através desta carta é possível vislumbrar as misérias da prisão. Paulo pede a Timóteo que lhe traga uma capa que havia deixado em Trôade, a fim de resguardar-se da humidade do cubículo em que estava detido e do frio. Pede também seus livros e os pergaminhos, para atenuar o tédio daquelas horas solitárias com os estudos que sempre amou; roga, sobretudo, que Timóteo venha pessoalmente, pois estava desejoso de sentir o toque de uma mão amiga e de ver uma última vez, antes de morrer, a face de um amigo.

Seria possível que o bravo campeão estivesse se rendendo? A resposta a essa pergunta pode ser encontrada em uma leitura, mesmo que rápida, da epístola a Timóteo. Na segunda epístola, Paulo diz: "...estou sofrendo estas coisas; todavia, não me envergonho, porque sei em quem tenho crido e estou certo de que ele é poderoso para guardar o meu depósito até aquele Dia" (2Timóteo 1.12) e conclui:

> Quanto a mim, estou sendo já oferecido por libação, e o tempo da minha partida é chegado. Combati o bom combate, completei a carreira, guardei a fé. Já agora a coroa da justiça me está guardada, a qual o Senhor, reto juiz, me dará naquele Dia; e não somente a mim, mas também a todos quantos amam a sua vinda. (2Timóteo 4.6-8).

Esse não é o tom de um derrotado! Quase não resta a mínima dúvida que seja de que Paulo compareceu de novo perante o tribunal de Nero. Desta vez, a acusação prevaleceu. Em toda a história não se encontra uma ilustração mais viva da ironia da vida humana, do que nesta cena de Paulo perante o tribunal de Nero. Ali, revestido da púrpura imperial, assentava-se um homem que, num mundo pervertido, havia conquistado a supremacia de ser a pior e mais vil pessoa; seu currículo incluía terríveis maldades e toda a sorte de crimes, como o assassinato da própria mãe, das suas esposas e de seus melhores benfeitores; estava atolado em toda a forma de vícios nomináveis e impossíveis de nomear, de forma que seu corpo e alma eram como uma coleção de lama e sangue. Tal era o que ocupava a sede da justiça. No banco dos réus, porém, estava o melhor homem que o mundo possuía então, com os cabelos grisalhos e o corpo marcado pelos trabalhos em benefício dos homens e para a glória de Deus. Tal era o homem que se achava no banco dos réus, tido como criminoso.

O julgamento terminou com a condenação de Paulo e sua entrega ao executor da sentença. Foi levado para fora da cidade, seguido de perto por uma turba da mais baixa ralé. Chega ao lugar fatal e ajoelha-se junto do tronco; a machadinha do algoz reverbera ao sol e cai, e a cabeça do apóstolo do mundo rolou no pó. Ali, o pecado perpetrou seu caráter hediondo mais extremo. Entretanto, quão mísero e vão foi seu triunfo! O golpe desferido pelo carrasco esmagou apenas a cadeia da prisão, e deixou o espírito elevar-se rumo à sua própria mansão, a morada eterna, sua coroa.

A cidade, falsamente chamada eterna, despedia-o de suas portas com ódio, mas dezenas e dezenas de milhares lhe davam as boas-vindas, naquela mesma hora, às portas da cidade celestial, que é realmente eterna. E, mesmo sobre a terra, nada seria capaz de matar Paulo. Ele, ainda hoje, vive entre nós! Uma vida sem comparação, muito mais influente do que aquela que pulsava em seu peito enquanto permanecia sobre a terra, em sua forma corporal e visível. Por onde quer que forem, formosos sobre os montes, os pés dos que annunciam boas-novas, ele caminha ao lado deles como inspiração e guia. Em dezenas de milhares de igrejas, a cada domingo, e em milhares e milhares de corações, diariamente, seus lábios eloquentes continuam, mais do que nunca, proferindo os mais profundos ensinamentos daquele evangelho de que nunca se envergonhou; e onde quer que haja pessoas buscando viver em santidade ou em escandalosa abnegação, ali, aquele cuja vida foi tão pura, a devoção a Cristo revelou-se tão completa, e cujo afinco em manter um único propósito na vida não diminuiu sequer um milímetro, é recebido como o melhor dos amigos.

QUESTÕES SUGERIDAS PARA DEBATE

CAPÍTULO I

- Quais os pontos de conexão e de contraste entre Paulo e os demais apóstolos?

- Qual a relação do cristianismo com a educação e a intelectualidade?

- Liste as passagens bíblicas que falam do destino de Paulo, como missionário aos gentios.

CAPÍTULO II

- Na época de Paulo, quais os privilégios de ser um cidadão romano? Em que ocasiões o apóstolo fez uso deles?

- Qual é o sentido da Lei nos escritos de Paulo? Compare a experiência de Paulo com a de Lutero: as suas primeiras ideias religiosas, o estado da religião naquele tempo, seus grandes esforços para encontrar paz, seus sofrimentos íntimos e a descoberta da justiça de Deus.

CAPÍTULO III

- Os cristãos primitivos chamavam a religião de Cristo de "O Caminho". Explique o sentido desse termo.

CAPÍTULO IV

- Em que texto bíblico Paulo menciona o evangelho como um mistério? Em que sentido ele emprega este termo?

CAPÍTULO V

- Qual a origem e o significado da palavra "cristão"?

CAPÍTULO VI

- Geralmente, que acusações eram apresentadas contra Paulo?

- Que tipo de influência o cristianismo exerceu sobre a condição da mulher?

CAPÍTULO X

- O que são as "Epístolas Pastorais"?

BREVE CRONOLOGIA DOS FATOS PRINCIPAIS NA VIDA DE PAULO

BIBLIOGRAFIA SUGERIDA

As 7 Igrejas da Ásia: Curso Bíblico Logos. London: Logos International Church. Não datado.

BALL, Charles Fergunson. **A vida e os Tempos do Apostolo Paulo.** 3ed. Rio de Janeiro: CPAD, 2000.

BECKER, J. **Apóstolo Paulo: Vida, obra e teologia.** São Paulo: Editora Academia Cristã. 2007.

Bíblia de Estudo Palavras-Chave. Rio de Janeiro: CPAD.

Bíblia do Homem. Santo André: Editora Geográfica. 2016.

Bíblia Sagrada Nova Tradução na Linguagem de Hoje. Barueri: Sociedade Bíblica do Brasil. 2000.

BOYD, Robert. **Paul the Apostle an Illustrated Handbook on his life & Travels.** Iowa Falls: World Bible Publishing. 1995.

BRUCE, F.F. **Comentário Bíblico NVI**: Antigo e Novo Testamento. São Paulo: Editora Vida. 2009.

DAVIS, John. **Novo Dicionário da Biblia.** São Paulo: Hagnos & Juerp.

FOXE, John. **O Livro dos Mártires.** Rio de Janeiro: CPAD. 2014.

GARDNER, Paul (Ed.). **Quem é quem na Bíblia Sagrada.** São Paulo: Editora Vida. 2005.

GONÇALVES, Edson Poujeaux. **A vida de Paulo.** Patos: Seminário Evangélico de Patos. 2007.

MACKINNON, Albert G. **The Rome of Saint Paul.** 1930.

O'CONNOR, Jerome Murphy. **Paul His Story.** Oxford: Oxford University Express. 2004.

RIDDERBOS, Herman. **A teologia do apóstolo Paulo.** São Paulo: Editora Cultura Cristã. 2004.

THAYER, Josepf H. **Greek-English Lexicon of The New Testament.** New York: American Book Company. 1885.

The Life of Apostle Paul. Peabody: Rose Publishing. 2006.

The Muratorian Fragment. English Version from original Version in Latin.

The New Jerusalem Bible-New Testament-Readers Edition.

YOUNGBLOOD, Ronald F. **Dicionário Ilustrado da Bíblia.** São Paulo:Via da Nova. 2004.

Printed in Great Britain
by Amazon